97

ÉPÎTRES DE JEAN

CAHIERS DE LA REVUE BIBLIQUE

25

ÉPÎTRES DE JEAN

TEXTE TRADUIT ET ANNOTÉ

PAR

Édouard DELEBECQUE

Préface de C. SPICQ, O.P.

PARIS

J. GABALDA et Cⁱᵉ, Éditeurs

RUE PIERRE ET MARIE CURIE, 18

—

1988

DU MÊME AUTEUR SUR LUC ET SUR JEAN

Évangile de Luc, texte traduit et annoté, Paris, Les Belles Lettres, 1976.

Études grecques sur l'Évangile de Luc, Paris, Les Belles Lettres, 1976.

Les Actes des Apôtres, texte traduit et annoté, Paris, Les Belles Lettres, 1982.

Les deux « Actes des Apôtres », collection «Études Bibliques», nouvelle série nº 6, Paris, Gabalda, 1986.

Évangile de Jean, collection «Cahiers de la Revue Biblique» nº 23, Paris, Gabalda, 1987.

ISBN : 2-85021-033-1

PRÉFACE

La première Épître de saint Jean, anonyme, doit être reconnue comme l'un des principaux écrits du Nouveau Testament, dont l'auteur est un témoin de la vie de Jésus (I, 1-3; IV, 14). Elle exprime d'une manière fervente, mais en termes très simples, ce qu'est la vie proprement chrétienne : c'est une vie, née des rapports personnels avec le Christ, par la foi. Elle s'entretient et se développe dans une obéissance constante à Dieu; ainsi on demeure dans la communion avec le Sauveur et le Père. En Dieu, il y a l'amour et la sainteté indissolublement unis : « Dieu est amour » (IV, 30). Le premier devoir est d'y croire. Lumière, Dieu s'oppose à tout ce qui est mal et ne peut le tolérer chez ses enfants; c'est mentir que de se prétendre en communion avec Lui alors que l'on vit dans le péché (I, 5 sv.). L'onction du Saint-Esprit nous sépare des autres hommes et nous unit aux autres chrétiens, nos frères, que nous aimons en vérité (III, 18). L'amour est une vie qui unit ou qui tend à unir; celui qui aime est né de Dieu; il est passé de la mort à la vie. La foi réussit toujours. Vivre chrétiennement c'est remporter une victoire sur la haine, sur le monde, sur ses convoitises (IV, 12; V, 4). Tout cela est dit selon la manière caractéristique de saint Jean : même vocabulaire, même construction des phrases, même style (parallélisme, répétition ternaire, antithèse, inclusion, etc.).

La deuxième Épître de saint Jean est un billet où l'auteur rappelle le commandement de l'amour fraternel qui vient du Père. Il met en garde ses lecteurs contre les séducteurs « qui ne confessent pas que Jésus est venu dans la chair ». Mais ne pas confesser l'Incarnation, c'est refuser la foi. La troisième Épître a un caractère plus personnel; elle est adressée par « l'ancien à Gaius le bien-aimé que j'aime en vérité », et sa conclusion ressemble beaucoup à celle de II Jo. On retrouve les expressions caractéristiques : connaître la vérité, rendre témoignage, commandement nouveau, Jésus-Christ venu en chair, avoir le Père et le Fils, etc. Ces trois Épîtres sont très proches par leur théologie du Quatrième Évangile et de ses locutions familières : vérité-mensonge; lumière-ténèbres; vie-mort; monde; enfants-petits enfants; joie-joie parfaite; Fils unique; aimer; connaître; être de; être né de; garder les commandements; garder la parole; rendre témoignage; fuir le péché.

La seule évocation de ces termes et de ces notions suffit à rendre compte de la réaction que ces trois écrits — à l'accent johannique — ont exercée sur les âmes chrétiennes. Il faut remercier M. É. Delebecque de nous les rendre intelligibles dans une traduction annotée aussi littérale que possible. Hélas, nous ne savons plus lire. Nous ne faisons plus guère que parcourir l'Écriture Sainte. Nous sommes à la recherche d'une révélation particulière, d'une réponse à nos interrogations personnelles, mais nous ne sommes pas à l'écoute docile de la Parole de Dieu dans ses moindres nuances. Nous devons donc apprendre à écouter Dieu qui nous parle dans l'Écriture inspirée, en saisir la valeur et les nuances du vocabulaire.

C'est ici qu'il faut se féliciter d'avoir un maître parfaitement qualifié pour nous conduire comme par la main dans cette rhétorique difficile. M. É. Delebecque a passé sa vie à introduire ses étudiants d'Université dans la littérature grecque et hellénistique. Il est l'un des meilleurs hellénistes contemporains. Or il n'impose aucune des théories communes aux exégètes contemporains ; ses « notes » sur le texte biblique sont objectives ; elles relèvent telle construction de la syntaxe, telle valeur de la nuance d'un verbe grec, telle signification exacte du terme employé, etc. Grâce à ces précisions, auxquelles nous avaient habitués ses travaux antérieurs sur saint Luc et sur saint Jean, le moindre lecteur devient savant et découvre de plus en plus de richesses dans le trésor mis à sa disposition. Il faut être un grand maître pour être à la fois si simple et si éclairant presque à chaque mot du texte sacré, sans rien ajouter de son cru. Cette discrétion du commentateur — si rare de nos jours — permet à chaque lecteur d'entendre Dieu lui parler dans sa propre langue et de bénéficier de sa lumière et de son amour. Il connaît « divinement », c'est-à-dire qu'il participe et ne fait qu'un avec ce mystère. Il en vit. Nous redirions volontiers, à chaque lecteur de ce volume, ce qu'entendit saint Augustin lorsqu'il lisait une Épître de saint Paul : « Tolle, lege — Prends, et lis ». Il lut, et se convertit.

C. SPICQ, O.P.

INTRODUCTION

Comme on ne sait rien de la date ni des circonstances des trois épîtres adressées par Jean à ses disciples, et puisque la toile de fond de l'évangile fait défaut, il faut se risquer à tenter de les apercevoir en les tirant du texte, mais avec le soin de distinguer la première, de beaucoup la plus longue, des deux autres, écrites à la hâte. Elles ont pour objet d'enseigner, d'encourager les «frères», ou de leur faire prendre patience en attendant la venue de leur auteur.

Est-il besoin de dire que les trois épîtres furent écrites après la mort de Jésus, puisqu'elles sont le reflet de sa doctrine? Il est seulement probable qu'elles furent rédigées avant l'évangile, où la longue relation du ministère de Jésus jusqu'à la Croix exigeait un travail composé, à la fois précis et complet.

Quant au recours au genre épistolaire, il signifie que Jean, fondateur d'églises en Asie Mineure, entre lesquelles il fallait des missions et des voyages, eut besoin, au moins trois fois, d'envoyer une lettre à des disciples, Grecs ou Juifs convertis, rassemblés dans une autre communauté que la sienne, trop éloignée pour que les communications orales fussent possibles; les instructions devaient être écrites. Le Maître les jugeait nécessaires parce qu'il avait à confirmer les destinataires dans la saine doctrine, souvent aussi les préserver des périls de la mauvaise.

C'est bien en maître qu'il s'exprime aujourd'hui, en prenant comme le relais de Jésus pour expliquer et répandre son enseignement. Lui qui, sans jamais se nommer directement dans l'évangile, n'empêche pourtant pas que l'on y devine en lui le «disciple aimé de Jésus», use ici, dans le préambule de l'épître I, d'un pluriel solennel, «nous», qui le désigne sans doute, mais au milieu du groupe de disciples choisis par Jésus pour être ses témoins, et qui rappelle une vie commune avec celui dont il ne pouvait oublier la vie ni les paroles : «Ce que *nous* gardons dans l'oreille, écrit-il dès le premier verset, ce dont nous gardons la vision, ce que nous contemplâmes et que nos[1] mains

(1) Ici Jean, qui n'a pas insisté sur le pluriel par un ἡμεῖς, est bien obligé de recourir au génitif ἡμῶν, qui reparaîtra à la fin de l'épître III, verset 9.

tâtèrent, sur le Verbe de la Vie..., à *vous aussi* nous l'annonçons. »
Une telle annonce est donc destinée à d'autres que les lecteurs ou
auditeurs de l'évangile, en tout ou en partie, dans son texte déjà écrit,
ou commencé, ou projeté.

Mais sans délai, quelques versets plus loin, le « nous », sous la plume
de Jean, a cessé d'être solennel. Il le prononce en se considérant, dans
son amour pour ses frères, comme un égal ayant à partager en
quelque sorte leurs doutes ou leurs défaillances ; il trouve là le moyen
le plus doux et le plus discret de leur donner, ou de leur rendre, de ce
courage dont ils ont besoin pour vivre au milieu d'un monde
mauvais : « Si *nous* venons à dire que *nous* avons communion avec lui,
et puis à marcher dans les ténèbres, *nous* mentons... Mais si *nous*
venons à marcher dans la lumière..., *nous* avons communion les uns
avec les autres... » Tous ces « nous » ne sont autre chose que des « vous »
délicatement voilés, car il est évident que Jean ne *ment* pas. Et tout
de suite le premier chapitre se termine sur ces encouragements qui
englobent les disciples avec leur maître.

A côté de ces deux valeurs du « nous », la première personne du
singulier n'apparaît qu'au début du chapitre 2, avec γράφω, « j'écris »,
repris dans les épîtres II et III, et Jean ne s'affirme jamais par un
ἐγώ, « moi », sauf trois fois, et seulement dans le verset initial de ces
épîtres II et III, lorsqu'il veut opposer l'amour qu'il a pour ses
disciples sûrs et les sentiments douteux des infidèles.

Quant aux « vous », évidemment nombreux, ils s'adressent aux
disciples fidèles, destinataires des lettres, un pluriel signifiant que
Jean écrit à l'intention d'une communauté entière, où chacun pourra
lire ou relire sa lettre, à moins que son supérieur ne la lise
publiquement pour tous.

Les disciples auxquels il s'adresse de loin, il les connaît bien. Ils lui
sont très chers. L'âge, l'autorité, ses sentiments profonds lui
permettent de les appeler par des diminutifs d'affection, « mes petits
enfants », τέχνια, sept fois, ou par « mes petits », παιδία, trois fois, car ils
sont pour lui ses enfants ; en outre, à dix reprises, il use pour eux de
l'adjectif dérivé du verbe ἀγαπᾶν, « manifester son amour », son
« agapè », un sentiment qui, tout proche de la charité, est la clé de la
vie chrétienne en commun : il les appelle ses « biens-aimés », un terme
qu'il faut prendre dans la plénitude de son sens. Et lorsque, en
l'amour et l'attentive bonté de son cœur, il s'inclut avec eux dans un
pluriel, il ne dit pas seulement « nous sommes de Dieu » (I, 4, 6) mais,
pour mieux les confirmer dans la foi que les temps sont changés
depuis la mort du Christ, il précise : « *maintenant* nous sommes enfants
de Dieu » (I, 3, 2).

Maintenant aussi, leur écrit-il, « mes petits, c'est. l'heure suprême »
(I, 2, 18), c'est-à-dire l'heure du choix entre les deux voies, celle du
salut ou celle de la perdition. Car ils vivent environnés de dangers.

Ces dangers sont de deux sortes, et d'une égale gravité. Il y a d'abord celui des «égareurs». Jean le désigne par trois mots appartenant à la même famille, le verbe πλανᾶν, actif et transitif, «égarer»[2] et deux dérivés de ce verbe, l'adjectif πλάνος, «égareur», on l'a vu, et le substantif πλάνη, «égarement», ou «esprit d'égarement».

Le verbe n'est rare ni dans la Septante ni dans le Nouveau Testament. Jean l'emploie deux fois, à l'actif et au passif, dans son évangile, 7, 12 et 47, trois fois à l'actif dans l'épître I (1, 8 ; 2, 26 ; 3, 7) ; l'*Apocalypse* en offre huit exemples. Le substantif et l'adjectif, inconnus du quatrième évangile, ne se rencontrent chez Jean que dans les épîtres, une fois πλάνη, I, 4, 6 ; deux fois πλάνος dans le même verset 7 de l'épître II. Le nombre des emplois de ces mots parents semble être le signe des menaces qui pèsent sur les premières communautés chrétiennes.

Les épîtres de Paul aident à saisir la notion fondamentale qui se dégage de ces trois mots, notamment la première *aux Thessaloniciens* et les deux épîtres *à Timothée*[3]. L'adjectif est un terme technique de la morale néo-testamentaire, et son sens d'origine est celui de «vagabond»[4]. Puis le mot désigne les charlatans, les imposteurs, comme les fils de Scévas des *Actes*, 19, 13-19, tous ceux qui s'écartent, ou qui écartent, de la voie droite et, au nom ou sur le nom de Jésus, répandent les erreurs professées, officiellement ou non, dans une communauté. La πλάνη, leur πλάνη, dont l'origine est démoniaque, est une «erreur dans le chemin de la vérité chrétienne»; et cette erreur, dans tous les cas coupable, peut être aussi bien subie qu'imposée.

Avec les égareurs de cette espèce, Jean écrit qu'il faut rompre dès l'abord, en évitant de les saluer (II, 10). Et de même que certains chrétiens vont trop loin[5] au lieu de suivre calmement la voie du salut, de même Jean oppose à l'idée de se laisser égarer celle de «demeurer», μένειν, un verbe exprimant la stabilité du croyant dans les doctrines de Jésus et de ses apôtres en face des sollicitations des nouveaux prédicateurs. Jean tient à ce verbe puisqu'il le réitère vingt-cinq fois dans les épîtres[6] : le choix initial de la bonne route dure éternellement.

L'autre danger est aussi d'origine démoniaque. Il vient de ce qu'autour des communautés se promènent des Antichrists. Ce danger-

(2) Dans la langue classique le verbe est employé plutôt au moyen.

(3) Voir dans la collection «Études Bibliques» (Gabalda) les notes Rigaux sur I. *Thess.* 2, 3, et Spicq I *Tim.* 4, 1 et 3, 13 où sont rassemblés les «égareurs» et les «égarés».

(4) Cf. en français «planète».

(5) Le verbe προάγειν, II, 9, «marcher en tête», «pousser en avant», est le contraire de ἀκολουθεῖν, qui signifie le fait de «suivre» Jésus, comme les brebis suivent le berger (Jn. 8, 12 ; 10, 4 et 5, etc.).

(6) Voir aussi Jn. 15, 4 à 10.

là suscite chez Jean une inquiétude particulière : il est le seul auteur du Nouveau Testament à employer le mot[7], et dans les seules épîtres, en des circonstances de toute une époque, nouvelle sur ce point.

Le mot paraît à cinq reprises dans les épîtres, une fois au pluriel, car les Antichrists se sont *aujourdhui* multipliés (I, 2, 18), et quatre fois au singulier (I, 2, 18 encore et 22 ; 4, 3 et, à côté de πλάνος, «égareur», II, 7). En ce dernier verset Jean définit l'Antichrist : «Beaucoup d'égareurs, écrit-il, sont sortis sur le monde, ceux qui refusent de confesser que Jésus-Christ vient en chair», et il insiste : «Celui-là est l'égareur et l'Antichrist». En d'autres circonstances il déclarait à d'autres frères qu'«aucune espèce de mensonge n'est de la vérité. Qui est le menteur, sinon celui qui nie que Jésus est le Christ ? Il est l'Antichrist, celui qui nie le Père et le Fils» (I, 2, 21-22).

Le mot n'est que chez Jean, on l'a dit. Il est donc, dans l'écrit, créé par lui ; il peut l'être aussi, mais cette fois sans qu'on l'affirme, dans son emploi oral. De toute façon un tel mot, présent dans les seules épîtres, prouve que celles-ci sont bien le fruit de circonstances données, existant en des lieux où il est nécessaire de prémunir les disciples et d'édifier pour eux un rempart en face de ceux qui se dressent contre le Christ. Il importe de couper le mal dans sa racine et de défendre les chrétiens contre eux avec autant d'énergie que contre les égareurs, car ces deux fléaux du moment s'ajoutent et finissent par se confondre en un seul.

En même temps les épîtres ont pour objet de prolonger l'enseignement de Jésus après sa disparition du monde visible. C'est l'heure de maintenir les disciples, en union avec Jean, dans la communion du Père et du Fils (I, 1, 3), autour de l'agapè — car il existe des communautés où l'on ne s'aime pas entre soi (II, 5) — c'est-à-dire dans l'obéissance à l'ἀλήθεια, «la Vérité».

Cette volonté de l'apôtre se manifeste par l'usage constant qu'il fait du mot. Si l'on n'en trouve que sept exemples chez les Synoptiques, on en compte vingt dans l'évangile (dont deux dans le Prologue), mais vingt aussi dans les épîtres, qui sont environ six fois plus courtes ; l'épître la plus longue en fournit neuf exemples, et les simples billets que sont les deux dernières, quatre fois moins longues à elles deux que la première, en contiennent deux de plus ; et c'est dans l'épître II, verset 4, qu'apparaît cette remarque révélatrice par laquelle Jean dit sa joie d'avoir *trouvé* de ses enfants marchant *dans la Vérité*.

Le nombre et la variété des emplois du mot ne sont-ils pas la traduction visible du souci premier de l'auteur ? Toujours empêcher tous ses enfants bien-aimés, quels qu'ils soient, où qu'ils soient, quelle

(7) On le retrouvera dans la *Lettre aux Philippiens* de l'évêque de Smyrne Polycarpe, 7, 1.

que soit la distance qui les sépare, de se fourvoyer, ou de se laisser fourvoyer, dans les voies du mensonge, hors de la lumière répandue par la Vérité.

*

Il est ainsi apparent que les deux dernières épîtres, même si elles supposent un paysage différent, répondent au même objet que la première, plus doctrinale. Il n'y a donc pas lieu d'être surpris qu'elles soient toutes unies entre elles par la langue et par le style.

Comme dans l'évangile Jean a, dans ses épîtres, *son* vocabulaire. Il fait usage de quelques mots appartenant au grec littéraire, comme le verbe ψηλαφᾶν, «tâter» (I, 1, 1) ou le substantif ἀλαζονεία, «la superbe» (I, 2, 16)[8], mais il ne les a pas ressuscités ; on peut simplement dire qu'il les connaît.

S'il y a chez lui des mots courants chez Paul ou dans les *Actes*, c'est parce qu'ils sont naturels dès qu'il est question de missions et de voyages. Mais on rencontre des mots ou des expressions pour lesquels il éprouve une attirance, car ils figurent en bonne place dans l'évangile, et plus nettement chez lui que dans les Synoptiques. Ainsi εἰς τὸν αἰῶνα, «à jamais» (I, 2, 17), ou φανεροῦν, «manifester» (I, 1, 2), ou encore τὴν ψυχὴν τιθέναι, «déposer sa vie» (I, 3, 16). Il y a surtout des mots qui, tout en existant chez d'autres auteurs du Nouveau Testament, sauf de rares exceptions, sont particuliers aux épîtres. Ils existent pour la plupart dans les Septante, mais ils sont les hapax johanniques des épîtres, c'est-à-dire les mots qui, même répétés en des versets tout proches ou dans le même verset, doivent être considérés comme employés là une seule fois par Jean.

Pour la commodité on en donne une liste alphabétique :

— αἴτημα, «demande», I, 5, 16 ; deux seuls autres exemples dans le N.T., Lc. 23, 24 ; *Philipp.* 4, 6.

— ἀνομία, refus de la loi, ou «désordre», deux fois dans le même verset, I, 3, 4 ; douze autres exemples dans le N.T.

— ἀπολαμβάνειν, «recevoir» (un salaire), II, 8 ; rare dans les Septante, se trouve chez Mc., Lc. et Paul.

— βαρύς, «pesant», dit des mandements de Jésus, qui ne le sont pas, I, 5, 3 ; assez rare chez Mt., dans les *Actes* et chez Paul.

— διάνοια, «pensée», I, 5, 20 ; se trouve chez Mc., Lc., Paul, Ép. Pierre.

— ἐθνικός, «Gentil» (substantif), III, 7 ; trois exemples chez Mt. 5, 47 ; 6, 7 ; 18, 17.

---

(8) On pourra se reporter aux notes des versets dont la référence est donnée.

— ἐκκλησία, « une église » (et non l'Église), trois fois en III, 6, 9 et 10. Le mot n'est pas rare chez les Septante, mais dans le sens évidemment différent d'« assemblée ». Il est normal que le mot ne se trouve pas dans les évangiles. Deux exemples cependant Mt. 16, 18 et 18, 17 *(bis)* parce que Jésus y annonce « l'Église ». — Mot courant naturellement *Actes* et Paul, fréquent dans l'*Apocalypse*, « les églises » (particulières).

— ἐλπίς, « espérance », I, 33 ; n'est pas dans les Synoptiques ; se trouve surtout *Actes* et Paul.

— εὐοδοῦσθαι, « suivre une voie droite », III, 2 *(bis)* ; verbe inconnu des Synoptiques ; deux exemples chez Paul, *Rom.* 1, 10 ; I *Cor.* 16, 2.

— κοινωνεῖν, « communier » (aux œuvres mauvaises), II, 11 ; inconnu des Synoptiques ; est chez Paul et Ép. Pierre.

— προάγειν, « pousser en avant » ; est dans les Synoptiques et chez Paul, parce que, vu son sens, le verbe n'est pas rare en soi ; n'est, chez Jean, que II, 9, pour blâmer ceux qui ne *demeurent* pas dans la *voie* droite (cf. ci-dessus III, 2) mais ont le tort d'aller au-delà de ce qui leur est demandé.

— σπλάγχνον, « entrailles », I, 3, 17, dans une expression à couleur hébraïque ; le mot, déjà rare dans la Septante, n'est qu'une fois Lc. 1, 78, une fois *Actes* 1, 18 (au sens propre) et huit fois Paul. Les Synoptiques, en revanche, font un large usage du verbe σπλαγχνίζεσθαι, « être remué de pitié ».

— συνεργός, « qui travaille en commun », « coopérateur », III, 8. L'adjectif est inconnu des Synoptiques ; huit exemples chez Paul.

— τέλειος, « parfait », dit de l'agapè, I, 4, 18 ; l'adjectif est chez Mt. 5, 48 *(bis)* ; 19, 21, mais surtout chez Paul, avec *Héb.* et *Ép.* Jacques.

— ὑπολαμβάνειν, dans le sens, qu'on ne retrouve pas ailleurs dans le N.T., de « recevoir » (un visiteur dans la communauté). Luc l'emploie 7, 43 ; 10, 30, et *Actes* 1, 9 et 2, 15, en des sens tout différents, au propre et au figuré. Le verbe est courant dans le grec littéraire, avec des sens divers, une fois au moins dans le sens johannique, Xénophon, *Anab.*, 1, 1, 7 « accueillir » (des exilés).

Les hapax johanniques des épîtres, on le voit, ne sont liés par aucune unité de nature ni de sens, et l'on peut s'étonner de voir ἐλπίς, « l'espérance », dans leur nombre. Mais plusieurs sont exigés par la situation de l'Église alors contituée. Ils sont normaux en des épîtres où Jean se sait obligé de rappeler aux disciples leur responsabilité dans leur fonction nouvelle : ils ont à révéler et propager sans relâche et partout la doctrine de Jésus. Une certaine parenté avec le vocabulaire de Paul plus qu'avec celui des Synoptiques est naturelle puisque les deux apôtres ont dans leurs lettres, aux premiers temps de l'Église, des objets analogues. Le seul fait notable est, chez Jean, la répartition inégale des hapax : les sept exemples des épîtres II et III

— dont trois à la file des versets 8 à 11 de la seconde — donnent une proportion beaucoup plus forte dans ce qui est écrit à la hâte que les sept autres de la première. Est-ce dû à l'aisance d'un style parlé ?

Cette répartition est également remarquable, et au même titre, dans les neuf hapax différents par nature, ceux qui ne sont plus johanniques *dans* le Nouveau Testament, où d'autres auteurs les écrivent, mais *du* Nouveau Testament. Ces mots-là ne se trouvent que chez Jean, dans les épîtres, et quelquefois aussi dans l'évangile. Ils sont neuf. Trois seulement sont inconnus des Septante, chose normale s'ils ont été créés par Jean, ἀνθρωποκτόνος, Ἀντίχριστος et φιλοπρωτεύειν (cf. *infra*), à moins qu'il ne les ait entendu prononcer autour de lui. Leur propriété johannique exclusive les détache dans le contexte. En voici la liste, alphabétique comme la précédente :

— ἀγγελία, «annonce», l'annonce par excellence, celle du message de Jésus, I, 3,5 et 11. On peut supposer que Jean se réserve l'emploi de ce mot quand il s'adresse à ses disciples[9].

— ἀνθρωποκτόνος, «tueur d'hommes», dit du diable dans l'évangile 8, 44 et, dans la première épître, 3, 15 *(bis)*, de celui qui hait son frère.

— Ἀντίχριστος, «Antichrist», quatre fois dans la première épître, 2, 18 *(bis)* et 22 ; 4,3, et une fois dans la seconde, v. 7 ; les dangers du personnage ont été signalés plus haut.

— ἐπιδέχεσθαι, «accueillir», III, 9 et 10 (voir la note de la traduction), dit de Diotréphès refusant d'accueillir Jean et les frères. On notera que le verbe de sens voisin, ὑπολαμβάνειν, «recevoir», cité dans la liste précédente, est exceptionnel chez Jean.

— ἱλασμός, «victime propitiatoire», I, 2,2 et 4, 10.

— σφάζειν, «égorger», deux fois I, 3, 12 (et huit fois dans l'*Apocalypse*), dit de Caïn égorgeant son frère[10].

— φιλοπρωτεύειν, «aspirer à être le chef», III, 9 dit encore de Diotréphès, comme ἐπιδέχεσθαι ci-dessus. On a vu que ce verbe était inconnu du grec littéraire et de la Septante.

— φλυαρεῖν, «couvrir d'insanités», ou de «sottises». Le verbe n'est pas rare dans le grec littéraire et l'abstrait φλυαρία est dans la Septante.

— Le dernier hapax johannique de tout le Nouveau Testament est le mot tout concret χάρτης, II, 12, que l'on peut traduire par «papier»,

---

(9) Le verbe ἀγγέλλειν, «annoncer», ne se trouve lui-même que dans l'évangile de Jean, 4,51 (où il n'est pas donné par tous les manuscrits) et 20,18, dit de Marie de Magdala «annonçant» aux disciples qu'elle vient de voir Jésus. — Le mot ἄγγελος est naturellement courant dans le N.T.

(10) Dans le grec littéraire le verbe est «normalement employé quand il s'agit d'assassinats qui résultent de l'application de la loi du sang», mais souvent aussi pour désigner «un égorgement pur et simple, sans qu'il y ait immolation à une cause supérieure» (Casabona, *Recherches sur le vocabulaire des sacrifices en grec*, Thèse, Paris, 1964).

à condition de se rappeler que les lettres étaient alors écrites sur papyrus. Le mot est douteux dans la Septante, qui peut connaître son équivalent χαρτίον.

On notera maintenant que trois de ces neuf hapax proviennent de la conduite de Diotréphès, coupable de «refuser d'accueillir», d'«aspirer à être le chef» et de «couvrir d'insanités». N'est-ce pas le signe d'une animosité particulière de Jean contre un personnage qui viole le devoir primordial de la charité, l'amour mutuel des chrétiens ?

Vingt-trois hapax johanniques au total, n'est-ce pas également le signe que dans les épîtres — et cela est vrai pour l'évangile[11] — Jean est bien maître de son vocabulaire, et que souvent ce vocabulaire porte sa marque parce que, dans des circonstances données, il a besoin d'insister sur un mot, ou bien sur une idée ?

La maîtrise est la même dans sa façon d'écrire. Langue et style sont en jeu à présent. Rien ne les distingue dans les épîtres de ce qu'ils sont dans l'évangile.

Il n'est pas surprenant que, écrivant ses lettres en milieu grec, Jean recoure moins que jamais à des hébraïsmes. En dehors de sa seule citation des Septante, I, 2, 12-14, on ne trouve guère que l'emploi du verbe εἶναι suivi de εἰς appelant un attribut (I, 5, 8 ; voir la note), ou l'expression «fermer ses entrailles» (I, 3, 17 ; voir la note). Il n'est pas étonnant que l'on n'en trouve aucun dans les deux dernières épîtres, écrites, si l'on ose dire, en coup de vent.

La langue est, naturellement, celle du grec de la koinè. De là des tours éloignés du grec littéraire. Ainsi la conjonction ἐάν suivie non du subjonctif mais de l'indicatif, I, 5, 15[12], ou encore ἵνα doté d'un sens moins final que consécutif, là où le grec correct aurait usé de la conjonction ὥστε suivie de l'infinitif (I, 1, 9), ou encore la coordination irrégulière d'un οὔτε avec un καί (III, 10), alors que le bon usage aurait voulu οὐκ ... ἀλλὰ ..., «ne pas ... mais ...» ; son anomalie la rend expressive, mais il se peut qu'elle trahisse simplement la hâte de l'auteur.

Ce sont là des vétilles. Les tours de la bonne langue, quelquefois conservés dans la koinè il est vrai, abondent dans ces trois épîtres. Ainsi la construction dite personnelle (I, 2, 19), la prolepse (I, 4, 1 et peut-être III, 8), le «nominativus pendens» (I, 4, 15), la négation μή dans une relative conditionnelle (I, 4, 3 et 20 ; 5, 10 et 12), le démonstratif οὗτος — ici au neutre — après un καί, «et cela», apportant une précision à l'idée précédente (III, 5), ou encore εἴ τις (II, 10), signifiant littéralement «si quelqu'un», mais représentant un pluriel total, «tous ceux qui ...».

(11) Sur les hapax de l'évangile, voir *Év. Jean*, introduction p. 25 et suiv.
(12) Sur tous les versets appelant une remarque de langue, on peut se reporter aux notes de la traduction.

Plus encore, l'emploi des temps est celui de la bonne langue, et c'est ici que Jean manifeste de la façon la plus claire son sentiment du grec : il respecte et traduit les nuances les plus fines de la pensée, et notre langue n'a pas les moyens de les rendre avec autant de simplicité.

Il se sert avec à-propos de l'aoriste qui marque un brusque sentiment, comme la joie, avec ἐχάρην (II, 4 et III, 3). Au cours d'une même phrase, dans la plus spontanée des lettres, il écrit côte à côte l'infinitif aoriste γράψαι et l'infinitif présent γράφειν, «écrire» (III, 13), le premier exprimant l'absence de durée, le simple fait d'écrire, et le second la durée que comporte la rédaction d'une lettre, si courte soit-elle. Il oppose, I, 4, 10, le parfait désignant un amour des hommes *acquis*, pour toujours, à Dieu, et, dans le même verset, l'aoriste ἠγάπησεν, signifiant que Dieu nous «aima», car il s'agit alors du fait *unique* de l'acte d'amour accompli par Dieu lorsqu'il décida de donner son Fils pour le salut des hommes ; et cet aoriste est d'autant plus riche de sens que Jean écrit là *le seul* aoriste de ce verbe dont le Nouveau Testament offre près de cent-cinquante exemples. Il emploie encore à bon escient l'aoriste du verbe θεᾶσθαι, «ce que nous contemplâmes» — alors qu'ailleurs il use du parfait — parce qu'il entre en matières, dans la première épître, en attirant l'attention sur tous les moments historiques du passé où il contempla Jésus et sur les actes de sa vie publique, lorsque le disciple vivait à côté du Maître[13].

La distinction la plus subtile en matière de temps est celle qu'il fait — et que le français ne peut traduire qu'en recourant à des artifices — entre les parfaits dits résultatifs et les parfaits intransitifs[14]. Le premier parfait résultatif apparaît dès le premier verset de l'épître I, ἀκηκόαμεν, «(ce que) nous gardons dans l'oreille» ; les autres sont relevés dans la troisième note de ce verset initial. Le premier parfait intransitif est au verset 10 de cette même épître, ἡμαρτήκαμεν, «(si nous disons que) nous sommes sans péché...», et les autres sont relevés dans la note de ce verset 10. On tient là, avec cet emploi d'une grande finesse dans l'expression du sens, le fait de langue appartenant exclusivement à Jean, aussi notable dans l'évangile que dans les épîtres.

On peut signaler encore certaines habitudes qui lui sont propres dans la façon d'écrire. Ainsi le relatif qu'il jette en tête de la phrase

(13) De même ἠκούσατε, «que vous entendîtes», I, 2, 7. — On notera encore une autre opposition riche de sens, celle du parfait et de l'aoriste du verbe γεννᾶν, avec ses dix exemples de l'épître I, dont huit au parfait passif, dit du croyant «né de Dieu», ou «engendré de Dieu». Les deux aoristes de I, 5, 1 et 18, l'un actif, l'autre passif, sont dits du Christ, que Dieu «engendra», ou qui «fut engendré» de Dieu. On pourra consulter les justes remarques de R. Robert dans son article «La leçon christologique en Jean I, 13», *R.T.*, 1987, p. 5-22.
(14) Voir *Év. Jean*, introduction p. 37 et suiv.

pour le reprendre ensuite par un pronom (I, 3, 13 ; 4, 15) ; le passage
d'une proposition subordonnée à une principale qui, ne lui étant pas
liée, pourrait être prise pour une autre subordonnée, placée sous le
même subordonnant que la précédente (I, 4, 3 ; 5, 18, 19 et 20 ; II, 2).

Notable est aussi sa précision à se servir des prépositions, et le sens
plein qu'il leur confère en les faisant volontiers dépendre d'un simple
substantif, ou de l'idée verbale qu'il exprime[15] ; elles lui permettent en
particulier de marquer les rapports entre le Père et le Fils, ou entre le
divin et l'humain, celui-ci appelé à devenir le reflet de celui-là.
Quelques exemples suffiront :

— διά, ne signifiant pas tant la cause que l'intermédiaire par lequel
un chrétien doit passer pour parvenir au faîte, I, 5, 10, comme dans le
Prologue de l'évangile aux versets 3, 7, 10, 17, etc.

— πρός, dans un emploi souvent prégnant, signifiant que la chose ou
la personne en question se trouve *face à* une autre dans un rapport
vivant, I, 1, 2, comme dans le verset initial du Prologue, ou bien dit
plus simplement de Jean souhaitant se trouver *en face de* ses disciples,
II, 12, ce qui nécessite un déplacement d'une église à une autre.
Plusieurs fois il est possible de rendre l'idée du mouvement, ou de
direction, par «donnant sur», dit du péché, mortel, πρὸς θάνατον,
I, 5, 16 et 17, comme pour la maladie de Lazare dans l'évangile 11, 4.

— ἐν et ἐκ s'opposent souvent pour s'appliquer aux choses ou à ceux
qui sont *en* Jésus ou *en* Dieu, I, 2, 4 et 6 ; 3, 5, 6, 9 et 24 ; 5, 20[16] ; ou à
Dieu, ou bien sa parole, qui est, ou n'est pas *en* les hommes, I, 1, 10 ;
2, 14 ; 4, 12, etc., tandis que ἐκ s'applique aux hommes qui sont ou *de*
Dieu ou bien *du* monde, et indique l'origine en même temps qu'elle
possède un sens partitif, I, 2, 16 ; 4, 13 ; 5, 18-19. Il peut arriver aussi
que ce ἐκ partitif soit l'équivalent d'un complément direct, II, 4.

Ces modes d'expression, ces particularités de langue, apparentes
dans les épîtres, sont celles-là même qui se manifestent dans le
quatrième évangile ; elles ne sont donc pas réservées aux lettres, les
deux dernières, on le sait, étant écrites en raison de nécessités du
moment, et la première, sans être véritablement ordonnée, ayant pour
objet de rappeler aux frères les principes majeurs de la doctrine
enseignée par Jésus.

S'il y a des différences, elles sont simplement voulues par la
différence de deux genres. Dans l'évangile, une fois le Prologue
achevé, Jean obéit à un ordre chronologique parce qu'il suit et
explique Jésus au long des quatre années suprêmes de sa vie terrestre,
les dates étant fournies de temps en temps par la venue d'une fête
juive. Le genre épistolaire se prête à une composition plus libre,

(15) Voir *Év. Jean*, introduction p. 29 et suiv.
(16) Cf. I, 5, 19, «en le diable».

exigée par des circonstances passagères ; Jean a besoin de se faire entendre, ou lire, ici, par des destinataires d'un moment. Il écrit donc au fil des idées dont il est imprégné sans doute, mais selon qu'elles se présentent à lui. De là vient que, dans l'expression, ces idées sont en quelque sorte mises bout à bout.

Une preuve toute matérielle en est fournie par les liaisons. Alors que dans l'évangile on voit se présenter toute une gamme, riche et nuancée, de mots coordonnants, selon les habitudes du meilleur grec, οὖν étant la seule liaison, «alors» ou «donc», devenant banale à force d'être répétée, les phrases des épîtres sont peu ou point liées l'une à l'autre, sans un seul οὖν, la conjonction la plus fréquente étant aussi la plus ordinaire, un simple καί ; quant au τε souvent uni à καί dans la langue grecque, si l'évangile en a trois exemples, il a totalement disparu des épîtres[17].

La preuve de cette indifférence pour la composition est fournie par la première épître, la seule à vrai dire où se pose le problème ; on la trouve dans la répétition d'une idée, d'abord positive, puis niée dans son contraire. Quelques échantillons suffisent :

— I, 1,6 «Si ..., nous mentons et ne faisons pas la vérité.»

— I, 2,4 «Celui qui ..., il est un menteur, et en celui-là n'est pas la vérité.»

— I, 2,7 «Je ne vous écris pas un mandement nouveau, mais un mandement ancien ...»

— I, 4, 2-3 «Tout esprit qui confesse que Jésus-Christ est venu dans la chair est de Dieu, et tout esprit qui refuse de confesser Jésus n'est pas de Dieu.»

— I, 4,6 «Celui qui connaît Dieu nous écoute, celui qui n'est pas de Dieu ne nous écoute pas.»

— I, 4, 7-8 «L'amour est de Dieu ; et quiconque aime est né de Dieu et connaît Dieu. Celui qui n'aime pas ne connaît pas Dieu, parce que Dieu est amour.» Ici les deux formes inversées d'une même idée sont encadrées par deux affirmations de l'identité entre Dieu et l'amour.

— 1,5, 12 «Celui qui a le Fils a la vie ; celui qui n'a pas le Fils de Dieu n'a pas la vie.»

Même dans l'épître II l'on rencontre, au verset 9, une répétition du même ordre : «Quiconque ..., sans demeurer dans l'enseignement du Christ, n'a pas Dieu ; celui qui demeure dans l'enseignement, il a le Père et le Fils.»

On aurait tort de voir là, dans cette répétition immédiate d'une idée par la négation de son contraire — un procédé qui n'est pas

---

(17) Le seul auteur du N.T. qui fasse un large usage de la particule τε est le plus helléniste de tous, Luc, neuf fois dans l'évangile et constamment dans les *Actes*.

étranger à l'évangile de Jean[18] — quelque négligence de style. Il n'y a
pas là non plus quelque trace de hâte, il y a la volonté expresse de
faire pénétrer jusqu'au fond de l'âme des lecteurs une idée
fondamentale, pour qu'ils puissent à leur tour l'enseigner à d'autres ;
car l'insistance, en pareil cas, porte sur la foi en l'incarnation, sur
l'amour, l'agapè, sur la Vérité et la Vie.

On conclura donc que, s'il existe çà et là de légères différences de
style entre l'évangile et les épîtres, elles proviennent de ce que l'on
n'écrit pas l'histoire comme on écrit une lettre ; mais l'auteur est le
même parce que l'enseignement, livré dans des conditions différentes,
reste le même. Dans l'évangile il est donné, pour les disciples de Jésus
d'abord, par sa parole et par son exemple ; dans les épîtres il est
donné, par le disciple aimé de Jésus, pour ses propres disciples, et
pour ceux qu'il a reçu la tâche de faire parvenir, par la Voie, jusqu'à
la Vérité.

LE TEXTE ET LA TRADUCTION

La présente édition n'est pas critique. Le texte suivi est celui de la
26ᵉ édition du *Novum Testamentum Graece* de Nestle-Aland, Deutsche
Bibelstiftung, Stuttgart, 1979, et de la 3ᵉ édition, corrigée, de *The
Greek New Testament*, edited by Kurt Aland, Matthew Black, etc.,
United Bible Societies, 1983. L'adoption — exceptionnelle — de
toute autre leçon est indiquée en note. Les mots mis entre crochets
droits dans le second ouvrage sont, en règle générale, conservés sans
discussion dans la traduction.

La traduction, sans être aucunement d'un exégète, peut, du moins
on l'espère, rendre çà et là quelque service à l'exégèse. Elle a pour
unique objet de rendre en français, avec exactitude, le texte grec, les
principes n'ayant pas varié depuis les traductions de Luc et de Jean.
On avait à traduire l'écrit d'un historien, puis les paroles d'un témoin
qui, dans ses épîtres, témoigne toujours.

Les notes de l'introduction sont placées au bas des pages. Celles des
épîtres, vu qu'elles tiennent plus de place que la traduction elle-
même, on a jugé préférable de les grouper après elle, les titres
courants devant aider à s'y reporter.

---

(18) Ce procédé littéraire peut trouver son origine dans la manière dont Jésus
exprime quelquefois sa pensée en exprimant une idée positive, puis son contraire, par
exemple, dans l'évangile, 3,5-7 ; 6,51-54.

Comme pour *Les deux Actes des Apôtres* et pour l'*Évangile de Jean*, j'ai usé largement des secours, écrits ou oraux, du R. P. Ceslas Spicq, o.p. et de M. l'abbé B. Augier. Ils ont bien voulu lire ligne à ligne le présent livre. Il est juste que je renouvelle ici l'expression de ma gratitude. Cette gratitude n'est pas moins due à Mlle Marie-Christine Sibilot, agrégée de l'Université, qui, outre de grands services antérieurs, a minutieusement revu un jeu d'épreuves.

É. D.

Abréviations

Actes (B.L.) = É. Delebecque, *Les Actes des Apôtres*, Belles Lettres, 1982.

B.D.R. = *Grammatik des Neutestamentlichen Griechisch*, par Blass/ Debrunner, bearbeitet von Friedrich Rehkopf, Göttingen, 1976.

Év. Jean = É. Delebecque, *Évangile de Jean*, coll. «Cahiers de la Revue Biblique», Gabalda, 1987.

Les deux Actes = É. Delebecque, *Les deux «Actes des Apôtres»*, coll. «Études Bibliques», Gabalda, 1986.

Luc (B.L.) = É. Delebecque, *Évangile de Luc*, Belles Lettres, 1976.

R.E.G. = *Revue des Études Grecques*.

R.T. = *Revue Thomiste*.

Spicq, *Notes ...* = Ceslas Spicq, O.P., *Notes de Lexicographie Néo-Testamentaire*, 2 vol. plus un vol. de *Supplément*, Göttingen, 1978-1982.

ΙΩΑΝΝΟΥ Α

1 −1− Ὃ ἦν ἀπ' ἀρχῆς, ὃ ἀκηκόαμεν, ὃ ἑωράκαμεν τοῖς ὀφθαλμοῖς ἡμῶν, ὃ ἐθεασάμεθα καὶ αἱ χεῖρες ἡμῶν ἐψηλάφησαν, περὶ τοῦ λόγου τῆς ζωῆς — −2− καὶ ἡ ζωὴ ἐφανερώθη, καὶ ἑωράκαμεν καὶ μαρτυροῦμεν καὶ ἀπαγγέλλομεν ὑμῖν τὴν ζωὴν τὴν αἰώνιον ἥτις ἦν πρὸς τὸν πατέρα καὶ ἐφανερώθη ἡμῖν — −3− ὃ ἑωράκαμεν καὶ ἀκηκόαμεν ἀπαγγέλλομεν καὶ ὑμῖν, ἵνα καὶ ὑμεῖς κοινωνίαν ἔχητε μεθ' ἡμῶν. Καὶ ἡ κοινωνία δὲ ἡ ἡμετέρα μετὰ τοῦ πατρὸς καὶ μετὰ τοῦ υἱοῦ αὐτοῦ Ἰησοῦ Χριστοῦ. −4− Καὶ ταῦτα γράφομεν ἡμεῖς ἵνα ἡ χαρὰ ἡμῶν ᾖ πεπληρωμένη.

−5− Καὶ ἔστιν αὕτη ἡ ἀγγελία ἣν ἀκηκόαμεν ἀπ' αὐτοῦ καὶ ἀναγγέλλομεν ὑμῖν, ὅτι ὁ θεὸς φῶς ἐστιν καὶ σκοτία ἐν αὐτῷ οὐκ ἔστιν οὐδεμία. −6− Ἐὰν εἴπωμεν ὅτι κοινωνίαν ἔχομεν μετ' αὐτοῦ καὶ ἐν τῷ σκότει περιπατῶμεν, ψευδόμεθα καὶ οὐ ποιοῦμεν τὴν ἀλήθειαν. −7− Ἐὰν δὲ ἐν τῷ φωτὶ περιπατῶμεν ὡς αὐτός ἐστιν ἐν τῷ φωτί, κοινωνίαν ἔχομεν μετ' ἀλλήλων καὶ τὸ αἷμα Ἰησοῦ τοῦ υἱοῦ αὐτοῦ καθαρίζει ἡμᾶς ἀπὸ πάσης ἁμαρτίας. −8− Ἐὰν εἴπωμεν ὅτι ἁμαρτίαν οὐκ ἔχομεν, ἑαυτοὺς πλανῶμεν καὶ ἡ ἀλήθεια οὐκ ἔστιν ἐν ἡμῖν. −9− Ἐὰν ὁμολογῶμεν τὰς ἁμαρτίας ἡμῶν, πιστός ἐστιν καὶ δίκαιος ἵνα ἀφῇ ἡμῖν τὰς ἁμαρτίας καὶ καθαρίσῃ ἡμᾶς ἀπὸ πάσης ἀδικίας. −10− Ἐὰν εἴπωμεν ὅτι οὐχ ἡμαρτήκαμεν, ψεύστην ποιοῦμεν αὐτὸν καὶ ὁ λόγος αὐτοῦ οὐκ ἔστιν ἐν ἡμῖν.

2 −1− Τεκνία μου, ταῦτα γράφω ὑμῖν ἵνα μὴ ἁμάρτητε. Καὶ ἐὰν τις ἁμάρτῃ, παράκλητον ἔχομεν πρὸς τὸν πατέρα, Ἰησοῦν Χριστὸν δίκαιον. −2− Καὶ αὐτὸς ἱλασμός ἐστιν περὶ τῶν ἁμαρτιῶν ἡμῶν, οὐ

ÉPÎTRES DE JEAN

ÉPÎTRE I

1 – 1 – Ce qui depuis le Principe était, ce que nous gardons dans l'oreille, ce dont nous gardons la vision vue de nos yeux, ce que nous contemplâmes et que nos mains tâtèrent, sur le Verbe de la vie — – 2 – et la vie fut manifestée, et nous gardons la vision et témoignons et vous annonçons la vie, la vie éternelle qui était face au Père et qui nous fut manifestée — – 3 – ce dont nous gardons la vision et que nous gardons dans l'oreille, à vous aussi nous l'annonçons, afin que vous aussi vous ayez communion avec nous. Et la communion qui est la nôtre est avec le Père et avec son Fils Jésus-Christ. – 4 – Et cela, c'est nous qui l'écrivons, afin que notre joie trouve sa plénitude.

– 5 – Et ceci est l'annonce que nous gardons, venue de lui, dans l'oreille, et que nous vous communiquons : Dieu est lumière, et en lui n'est pas la moindre ténèbre. – 6 – Si nous venons à dire que nous avons communion avec lui, et puis à marcher dans les ténèbres, nous mentons et ne faisons pas la vérité. – 7 – Mais si nous venons à marcher dans la lumière comme lui-même est dans la lumière, nous avons communion les uns avec les autres, et le sang de Jésus son Fils nous purifie de tout péché. – 8 – Si nous venons à dire que nous n'avons pas de péché, nous nous égarons nous-mêmes, et la vérité n'est pas en nous. – 9 – Si nous venons à confesser nos péchés, il est assez fiable et assez juste pour nous remettre les péchés et nous purifier de toute iniquité. – 10 – Si nous venons à dire que nous sommes sans péché, nous faisons de lui un menteur, et sa parole n'est pas en nous.

2 – 1 – Mes petits enfants, je vous écris cela pour que vous ne péchiez pas. Et si quelqu'un vient à pécher, nous avons un avocat auprès du Père, Jésus, Christ, Juste. – 2 – Et il est lui-même victime

περὶ τῶν ἡμετέρων δὲ μόνον ἀλλὰ καὶ περὶ ὅλου τοῦ κόσμου. —3— Καὶ ἐν τούτῳ γινώσκομεν ὅτι ἐγνώκαμεν αὐτόν, ἐὰν τὰς ἐντολὰς αὐτοῦ τηρῶμεν. —4— Ὁ λέγων ὅτι Ἔγνωκα αὐτόν, καὶ τὰς ἐντολὰς αὐτοῦ μὴ τηρῶν, ψεύστης ἐστίν, καὶ ἐν τούτῳ ἡ ἀλήθεια οὐκ ἔστιν. —5— Ὃς δ' ἂν τηρῇ αὐτοῦ τὸν λόγον, ἀληθῶς ἐν τούτῳ ἡ ἀγάπη τοῦ θεοῦ τετελείωται. Ἐν τούτῳ γινώσκομεν ὅτι ἐν αὐτῷ ἐσμεν· —6— ὁ λέγων ἐν αὐτῷ μένειν ὀφείλει καθὼς ἐκεῖνος περιεπάτησεν καὶ αὐτὸς [οὕτως] περιπατεῖν.

—7— Ἀγαπητοί, οὐκ ἐντολὴν καινὴν γράφω ὑμῖν, ἀλλ' ἐντολὴν παλαιὰν ἣν εἴχετε ἀπ' ἀρχῆς. Ἡ ἐντολὴ ἡ παλαιά ἐστιν ὁ λόγος ὃν ἠκούσατε. 8 Πάλιν ἐντολὴν καινὴν γράφω ὑμῖν, ὅ ἐστιν ἀληθὲς ἐν αὐτῷ καὶ ἐν ὑμῖν, ὅτι ἡ σκοτία παράγεται καὶ τὸ φῶς τὸ ἀληθινὸν ἤδη φαίνει. —9— Ὁ λέγων ἐν τῷ φωτὶ εἶναι καὶ τὸν ἀδελφὸν αὐτοῦ μισῶν ἐν τῇ σκοτίᾳ ἐστὶν ἕως ἄρτι. —10— Ὁ ἀγαπῶν τὸν ἀδελφὸν αὐτοῦ ἐν τῷ φωτὶ μένει, καὶ σκάνδαλον ἐν αὐτῷ οὐκ ἔστιν. —11— Ὁ δὲ μισῶν τὸν ἀδελφὸν αὐτοῦ ἐν τῇ σκοτίᾳ ἐστὶν καὶ ἐν τῇ σκοτίᾳ περιπατεῖ, καὶ οὐκ οἶδεν ποῦ ὑπάγει, ὅτι ἡ σκοτία ἐτύφλωσεν τοὺς ὀφθαλμοὺς αὐτοῦ.

—12— Γράφω ὑμῖν, τεκνία,
  ὅτι ἀφέωνται ὑμῖν αἱ ἁμαρτίαι διὰ τὸ ὄνομα αὐτοῦ.

—13— Γράφω ὑμῖν, πατέρες,
  ὅτι ἐγνώκατε τὸν ἀπ' ἀρχῆς.
 Γράφω ὑμῖν, νεανίσκοι,
  ὅτι νενικήκατε τὸν πονηρόν.

—14— Ἔγραψα ὑμῖν, παιδία,
  ὅτι ἐγνώκατε τὸν πατέρα.
 Ἔγραψα ὑμῖν, πατέρες,
  ὅτι ἐγνώκατε τὸν ἀπ' ἀρχῆς.
 Ἔγραψα ὑμῖν, νεανίσκοι,
  ὅτι ἰσχυροί ἐστε
  καὶ ὁ λόγος τοῦ θεοῦ ἐν ὑμῖν μένει
  καὶ νενικήκατε τὸν πονηρόν.

—15— Μὴ ἀγαπᾶτε τὸν κόσμον μηδὲ τὰ ἐν τῷ κόσμῳ. Ἐάν τις ἀγαπᾷ τὸν κόσμον, οὐκ ἔστιν ἡ ἀγάπη τοῦ πατρὸς ἐν αὐτῷ· —16— ὅτι πᾶν τὸ ἐν τῷ κόσμῳ, ἡ ἐπιθυμία τῆς σαρκὸς καὶ ἡ ἐπιθυμία τῶν ὀφθαλμῶν καὶ ἡ ἀλαζονεία τοῦ βίου, οὐκ ἔστιν ἐκ τοῦ πατρὸς ἀλλ' ἐκ τοῦ κόσμου ἐστίν. —17— Καὶ ὁ κόσμος παράγεται καὶ ἡ ἐπιθυμία αὐτοῦ, ὁ δὲ ποιῶν τὸ θέλημα τοῦ θεοῦ μένει εἰς τὸν αἰῶνα.

—18— Παιδία, ἐσχάτη ὥρα ἐστίν καί, καθὼς ἠκούσατε ὅτι ἀντίχριστος ἔρχεται, καὶ νῦν ἀντίχριστοι πολλοὶ γεγόνασιν· ὅθεν γινώσκομεν

propitiatoire pour nos péchés, et pas seulement pour les nôtres, mais pour ceux du monde entier. −3− Et le moyen de connaître que nous avons de lui connaissance, c'est que vous gardez ses mandements. −4− Celui qui dit «j'ai de lui connaissance» sans garder ses mandements, il est un menteur, et en celui-là n'est pas la vérité. −5− Mais celui qui garde sa parole, en celui-là l'amour de Dieu a sa perfection. En ceci nous connaissons que nous sommes en lui : −6− celui qui dit demeurer en lui doit aussi marcher selon que Lui a marché.

−7− Bien-aimés, je ne vous écris pas un mandement nouveau, mais un mandement ancien, que vous aviez depuis le début. Le mandement qui est l'ancien est la parole que vous entendîtes. −8− D'un autre côté je vous écris un mandement nouveau, ce qui est vrai en lui et en vous parce que les ténèbres passent et que la lumière, la vraie, déjà brille. −9− Celui qui dit être dans la lumière, et qui hait son frère, est jusque-là dans les ténèbres. −10− Celui qui aime son frère demeure dans la lumière et il n'y a pas en lui occasion d'achopper. −11− Mais celui qui hait son frère est dans les ténèbres, marche dans les ténèbres et ne sait où il va, parce que les ténèbres aveuglèrent ses yeux.

−12−   Je vous écris, petits enfants,
        parce que les péchés vous sont remis par le moyen de son
                                                            nom.
−13−   Je vous écris, pères,
        parce que vous avez connaissance de celui qui est depuis
                                                le Principe.
        Je vous écris, jeunes hommes,
        parce que vous avez la victoire sur le Mauvais.
−14−   Je vous ai écrit, mes petits,
        parce que vous avez connaissance du Père.
        Je vous ai écrit, pères
        parce que vous avez connaissance de celui qui est depuis
                                                le Principe.
        Je vous ai écrit, jeunes hommes,
        parce que vous êtes forts,
        que la parole de Dieu demeure en vous
        et que vous avez la victoire sur le Mauvais.

−15− Cessez d'aimer le monde et les choses du monde. Si quelqu'un aime le monde, l'amour du Père n'est pas en lui ; −16− parce que ce qui est du monde, la convoitise de la chair et la convoitise des yeux et la superbe de la vie, ne vient pas du Père mais vient du monde. −17− Et le monde passe, ainsi que sa convoitise ; mais celui qui fait la volonté de Dieu demeure à jamais.

−18− Mes petits, c'est l'heure suprême et, selon que vous apprîtes que vient un Antichrist, ainsi aujourd'hui il se trouve un grand

ὅτι ἐσχάτη ὥρα ἐστίν. −19− Ἐξ ἡμῶν ἐξῆλθαν, ἀλλ᾽ οὐκ ἦσαν ἐξ ἡμῶν· εἰ γὰρ ἐξ ἡμῶν ἦσαν, μεμενήκεισαν ἂν μεθ᾽ ἡμῶν· ἀλλ᾽ ἵνα φανερωθῶσιν ὅτι οὐκ εἰσὶν πάντες ἐξ ἡμῶν. −20− Καὶ ὑμεῖς χρῖσμα ἔχετε ἀπὸ τοῦ ἁγίου, καὶ οἴδατε πάντες. −21− Οὐκ ἔγραψα ὑμῖν ὅτι οὐκ οἴδατε τὴν ἀλήθειαν, ἀλλ᾽ ὅτι οἴδατε αὐτήν, καὶ ὅτι πᾶν ψεῦδος ἐκ τῆς ἀληθείας οὐκ ἔστιν. −22− Τίς ἐστιν ὁ ψεύστης εἰ μὴ ὁ ἀρνούμενος ὅτι Ἰησοῦς οὐκ ἔστιν ὁ Χριστός; Οὗτός ἐστιν ὁ ἀντίχριστος, ὁ ἀρνούμενος τὸν πατέρα καὶ τὸν υἱόν. −23− Πᾶς ὁ ἀρνούμενος τὸν υἱὸν οὐδὲ τὸν πατέρα ἔχει· ὁ ὁμολογῶν τὸν υἱὸν καὶ τὸν πατέρα ἔχει. −24− Ὑμεῖς ὃ ἠκούσατε ἀπ᾽ ἀρχῆς ἐν ὑμῖν μενέτω· ἐὰν ἐν ὑμῖν μείνῃ ὃ ἀπ᾽ ἀρχῆς ἠκούσατε, καὶ ὑμεῖς ἐν τῷ υἱῷ καὶ ἐν τῷ πατρὶ μενεῖτε. −25− Καὶ αὕτη ἐστὶν ἡ ἐπαγγελία ἣν αὐτὸς ἐπηγγείλατο ἡμῖν, τὴν ζωὴν τὴν αἰώνιον.

−26− Ταῦτα ἔγραψα ὑμῖν περὶ τῶν πλανώντων ὑμᾶς. −27− Καὶ ὑμεῖς τὸ χρῖσμα ὃ ἐλάβετε ἀπ᾽ αὐτοῦ μένει ἐν ὑμῖν, καὶ οὐ χρείαν ἔχετε ἵνα τις διδάσκῃ ὑμᾶς· ἀλλ᾽ ὡς τὸ αὐτοῦ χρῖσμα διδάσκει ὑμᾶς περὶ πάντων, καὶ ἀληθές ἐστιν καὶ οὐκ ἔστιν ψεῦδος, καὶ καθὼς ἐδίδαξεν ὑμᾶς, μένετε ἐν αὐτῷ.

−28− Καὶ νῦν, τεκνία, μένετε ἐν αὐτῷ, ἵνα ἐὰν φανερωθῇ σχῶμεν παρρησίαν καὶ μὴ αἰσχυνθῶμεν ἀπ᾽ αὐτοῦ ἐν τῇ παρουσίᾳ αὐτοῦ. −29− Ἐὰν εἰδῆτε ὅτι δίκαιός ἐστιν, γινώσκετε ὅτι καὶ πᾶς ὁ ποιῶν τὴν δικαιοσύνην ἐξ αὐτοῦ γεγέννηται.

3 −1− Ἴδετε ποταπὴν ἀγάπην δέδωκεν ἡμῖν ὁ πατὴρ ἵνα τέκνα θεοῦ κληθῶμεν. Καὶ ἐσμέν. Διὰ τοῦτο ὁ κόσμος οὐ γινώσκει ἡμᾶς ὅτι οὐκ ἔγνω αὐτόν. −2− Ἀγαπητοί, νῦν τέκνα θεοῦ ἐσμεν, καὶ οὔπω ἐφανερώθη τί ἐσόμεθα. Οἴδαμεν ὅτι ἐὰν φανερωθῇ ὅμοιοι αὐτῷ ἐσόμεθα, ὅτι ὀψόμεθα αὐτὸν καθώς ἐστιν. −3− Καὶ πᾶς ὁ ἔχων τὴν ἐλπίδα ταύτην ἐπ᾽ αὐτῷ ἁγνίζει ἑαυτὸν καθὼς ἐκεῖνος ἁγνός ἐστιν.

−4− Πᾶς ὁ ποιῶν τὴν ἁμαρτίαν καὶ τὴν ἀνομίαν ποιεῖ, καὶ ἡ ἁμαρτία ἐστὶν ἡ ἀνομία. −5− Καὶ οἴδατε ὅτι ἐκεῖνος ἐφανερώθη ἵνα τὰς ἁμαρτίας ἄρῃ, καὶ ἁμαρτία ἐν αὐτῷ οὐκ ἔστιν. −6− Πᾶς ὁ ἐν αὐτῷ μένων οὐχ ἁμαρτάνει· πᾶς ὁ ἁμαρτάνων οὐχ ἑώρακεν αὐτὸν οὐδὲ ἔγνωκεν αὐτόν.

−7− Τεκνία, μηδεὶς πλανάτω ὑμᾶς· ὁ ποιῶν τὴν δικαιοσύνην δίκαιός ἐστιν, καθὼς ἐκεῖνος δίκαιός ἐστιν· −8− ὁ ποιῶν τὴν ἁμαρτίαν ἐκ τοῦ διαβόλου ἐστίν, ὅτι ἀπ᾽ ἀρχῆς ὁ διάβολος ἁμαρτάνει. Εἰς τοῦτο

nombre d'Antichrists ; de là notre connaissance que c'est l'heure suprême. − 19 − Ils sortirent de nous, mais n'étaient pas de nous ; car eussent-ils été de nous ils seraient demeurés avec nous ; mais il fallait qu'il devînt manifeste que tous ne sont pas de nous. − 20 − Et vous, vous avez une onction venant du Saint, et tous, vous savez. − 21 − Je vous écris non pas parce que vous ne savez pas la vérité, mais parce que vous la savez et parce qu'aucune espèce de mensonge n'est de la vérité. − 22 − Qui est le menteur, sinon celui qui nie que Jésus est le Christ ? Il est l'Antichrist, celui-là qui nie le Père et le Fils. − 23 − Quiconque nie le Fils n'a pas non plus le Père ; celui qui confesse le Fils, il a aussi le Père. − 24 − Vous, que ce que vous entendîtes depuis le début ·demeure en vous ; si en vous demeure ce que vous entendîtes depuis le début, vous aussi vous demeurerez en le Fils et en le Père. − 25 − Et c'est là la promesse que lui-même nous a promise, la vie, l'éternelle.

− 26 − Je vous écris ces choses sur ceux qui vous égarent. − 27 − Et vous, l'onction que vous avez reçue de lui demeure en vous, et vous n'avez nul besoin que quelqu'un vous enseigne ; mais, de même que son onction vous enseigne sur toutes choses, qu'elle est vraie et n'est pas mensongère, de même, selon qu'il vous enseigna demeurez en lui.

− 28 − Et maintenant, petits enfants, demeurez en lui, afin que, s'il vient à se manifester, nous possédions assurance, et que par lui nous ne soyons pas confondus lors de sa Parousie. − 29 − Si vous venez à savoir qu'il est Juste, connaissez que quiconque fait la justice se trouve engendré de lui.

3 − 1 − Voyez de quel amour le Père nous a fait le don pour que nous soyons appelés enfants de Dieu. Et nous le sommes. La raison pour laquelle le monde ne nous connaît pas, c'est qu'il ne le connut pas. − 2 − Bien-aimés, maintenant nous sommes enfants de Dieu, et n'a pas encore été manifesté ce que nous serons. Nous savons que s'Il vient à être manifesté nous serons semblables à lui parce que nous le verrons tel qu'il est. − 3 − Et quiconque a cette espérance en lui se purifie comme Lui est pur lui-même.

− 4 − Quiconque fait le péché fait aussi le désordre et le péché est le désordre. − 5 − Et vous savez que Lui fut manifesté afin d'emporter les péchés, et en lui n'est pas de péché. − 6 − Quiconque demeure en lui ne pèche pas ; quiconque pèche n'a pas vision de lui et n'a pas connaissance de lui.

− 7 − Petits enfants, que personne ne vous égare ; celui qui fait la justice est juste de même que Lui est juste ; − 8 − celui qui fait le péché est du diable, parce que dès le Principe pèche le diable. C'est pour cela que fut manifesté le Fils de Dieu, pour détruire les œuvres

ἐφανερώθη ὁ υἱὸς τοῦ θεοῦ, ἵνα λύσῃ τὰ ἔργα τοῦ διαβόλου. — 9 — Πᾶς ὁ γεγεννημένος ἐκ τοῦ θεοῦ ἁμαρτίαν οὐ ποιεῖ, ὅτι σπέρμα αὐτοῦ ἐν αὐτῷ μένει· καὶ οὐ δύναται ἁμαρτάνειν, ὅτι ἐκ τοῦ θεοῦ γεγέννηται. — 10 — Ἐν τούτῳ φανερά ἐστιν τὰ τέκνα τοῦ θεοῦ καὶ τὰ τέκνα τοῦ διαβόλου· πᾶς ὁ μὴ ποιῶν δικαιοσύνην οὐκ ἔστιν ἐκ τοῦ θεοῦ, καὶ ὁ μὴ ἀγαπῶν τὸν ἀδελφὸν αὐτοῦ.

— 11 — Ὅτι αὕτη ἐστὶν ἡ ἀγγελία ἣν ἠκούσατε ἀπ' ἀρχῆς, ἵνα ἀγαπῶμεν ἀλλήλους, — 12 — οὐ καθὼς Κάϊν ἐκ τοῦ πονηροῦ ἦν καὶ ἔσφαξεν τὸν ἀδελφὸν αὐτοῦ· καὶ χάριν τίνος ἔσφαξεν αὐτόν; Ὅτι τὰ ἔργα αὐτοῦ πονηρὰ ἦν, τὰ δὲ τοῦ ἀδελφοῦ αὐτοῦ δίκαια. — 13 — [Καὶ] μὴ θαυμάζετε, ἀδελφοί, εἰ μισεῖ ὑμᾶς ὁ κόσμος. — 14 — Ἡμεῖς οἴδαμεν ὅτι μεταβεβήκαμεν ἐκ τοῦ θανάτου εἰς τὴν ζωήν, ὅτι ἀγαπῶμεν τοὺς ἀδελφούς· ὁ μὴ ἀγαπῶν μένει ἐν τῷ θανάτῳ. — 15 — Πᾶς ὁ μισῶν τὸν ἀδελφὸν αὐτοῦ ἀνθρωποκτόνος ἐστίν, καὶ οἴδατε ὅτι πᾶς ἀνθρωποκτόνος οὐκ ἔχει ζωὴν αἰώνιον ἐν αὐτῷ μένουσαν. — 16 — Ἐν τούτῳ ἐγνώκαμεν τὴν ἀγάπην, ὅτι ἐκεῖνος ὑπὲρ ἡμῶν τὴν ψυχὴν αὐτοῦ ἔθηκεν· καὶ ἡμεῖς ὀφείλομεν ὑπὲρ τῶν ἀδελφῶν τὰς ψυχὰς θεῖναι. — 17 — Ὃς δ' ἂν ἔχῃ τὸν βίον τοῦ κόσμου καὶ θεωρῇ τὸν ἀδελφὸν αὐτοῦ χρείαν ἔχοντα καὶ κλείσῃ τὰ σπλάγχνα αὐτοῦ ἀπ' αὐτοῦ, πῶς ἡ ἀγάπη τοῦ θεοῦ μένει ἐν αὐτῷ; — 18 — Τεκνία, μὴ ἀγαπῶμεν λόγῳ μηδὲ τῇ γλώσσῃ ἀλλὰ ἐν ἔργῳ καὶ ἀληθείᾳ.

— 19 — [Καὶ] ἐν τούτῳ γνωσόμεθα ὅτι ἐκ τῆς ἀληθείας ἐσμέν, καὶ ἔμπροσθεν αὐτοῦ πείσομεν τὴν καρδίαν ἡμῶν, — 20 — ὅτι ἐὰν καταγινώσκῃ ἡμῶν ἡ καρδία, ὅτι μείζων ἐστὶν ὁ θεὸς τῆς καρδίας ἡμῶν καὶ γινώσκει πάντα.

— 21 — Ἀγαπητοί, ἐὰν ἡ καρδία [ἡμῶν] μὴ καταγινώσκῃ, παρρησίαν ἔχομεν πρὸς τὸν θεόν, — 22 — καὶ ὃ ἐὰν αἰτῶμεν λαμβάνομεν ἀπ' αὐτοῦ, ὅτι τὰς ἐντολὰς αὐτοῦ τηροῦμεν καὶ τὰ ἀρεστὰ ἐνώπιον αὐτοῦ ποιοῦμεν. — 23 — Καὶ αὕτη ἐστὶν ἡ ἐντολὴ αὐτοῦ, ἵνα πιστεύσωμεν τῷ ὀνόματι τοῦ υἱοῦ αὐτοῦ Ἰησοῦ Χριστοῦ καὶ ἀγαπῶμεν ἀλλήλους, καθὼς ἔδωκεν ἐντολὴν ἡμῖν. — 24 — Καὶ ὁ τηρῶν τὰς ἐντολὰς αὐτοῦ ἐν αὐτῷ μένει καὶ αὐτὸς ἐν αὐτῷ. Καὶ ἐν τούτῳ γινώσκομεν ὅτι μένει ἐν ἡμῖν, ἐκ τοῦ πνεύματος οὗ ἡμῖν ἔδωκεν.

4 — 1 — Ἀγαπητοί, μὴ παντὶ πνεύματι πιστεύετε, ἀλλὰ δοκιμάζετε τὰ πνεύματα εἰ ἐκ τοῦ θεοῦ ἐστιν, ὅτι πολλοὶ ψευδοπροφῆται ἐξεληλύθασιν εἰς τὸν κόσμον. — 2 — Ἐν τούτῳ γινώσκετε τὸ πνεῦμα τοῦ θεοῦ· πᾶν πνεῦμα ὃ ὁμολογεῖ Ἰησοῦν Χριστὸν ἐν σαρκὶ ἐληλυθότα ἐκ τοῦ θεοῦ ἐστιν, — 3 — καὶ πᾶν πνεῦμα ὃ μὴ ὁμολογεῖ τὸν Ἰησοῦν ἐκ τοῦ

du diable. —9— Quiconque est engendré de Dieu ne fait pas de péché, parce que sa semence demeure en lui ; et il ne peut pécher parce qu'il est engendré de Dieu. —10— En ceci sont manifestes les enfants de Dieu et les enfants du Diable : quiconque ne fait pas la justice n'est pas de Dieu, comme quiconque n'aime pas son frère.

—11— Car c'est cela l'annonce de ce que vous entendîtes dès le début, que nous nous aimions les uns les autres, —12— non pas à la manière dont Caïn était du Mauvais et égorgea son frère ; et pour quelle raison l'égorgea-t-il ? parce que ses œuvres étaient mauvaises, et justes celles de son frère. —13— Et cessez de vous émerveiller, frères, que le monde vous haïsse. —14— Nous savons, nous, que nous voici passés de la mort à la vie, parce que nous aimons les frères ; celui qui n'aime pas demeure dans la mort. —15— Quiconque hait son frère est tueur d'hommes, et vous savez que pas un tueur d'hommes n'a la vie éternelle demeurant en lui. —16— En ceci nous avons la connaissance de l'amour, en ce que Lui déposa sa vie pour notre défense ; et nous, nous devons déposer nos vies pour la défense des frères. —17— Celui qui vient à posséder les nourritures terrestres, observe son frère dans le besoin, et lui ferme la porte de ses entrailles, comment l'amour de Dieu demeure-t-il en lui ? —18— Petits enfants, cessons d'aimer de parole et de la langue, aimons en actes et vérité.

—19— En ceci nous connaîtrons que nous sommes de la vérité et apaiserons devant lui notre cœur, —20— en ce que, si notre cœur vient à nous condamner, en ce que Dieu est plus grand que notre cœur et connaît tout.

—21— Bien-aimés, si notre cœur ne vient pas à condamner, nous avons assurance face à Dieu —22— et, quoi que nous venions à demander, nous le recevons de lui, parce que nous gardons ses mandements et que nous faisons ce qui plaît à ses yeux. —23— Et c'est cela son mandement, que nous croyions au nom de son fils Jésus-Christ et que nous nous aimions les uns les autres selon qu'il nous en donna mandement. —24— Et celui qui garde ses mandements, il demeure en Lui, et Lui en lui. Et en ceci nous connaissons qu'il demeure en nous : par l'Esprit qu'il nous donna.

4 —1— Bien-aimés, ne croyez jamais en n'importe quel esprit, vérifiez toujours si les esprits sont de Dieu, parce que des faux prophètes sont sortis en foule sur le monde. —2— En ceci vous connaissez l'esprit de Dieu : tout esprit qui confesse que Jésus-Christ est venu dans la chair est de Dieu, —3— et tout esprit qui refuse de

θεοῦ οὐκ ἔστιν· καὶ τοῦτό ἐστιν τὸ τοῦ ἀντιχρίστου, ὃ ἀκηκόατε ὅτι ἔρχεται, καὶ νῦν ἐν τῷ κόσμῳ ἐστὶν ἤδη. —4— Ὑμεῖς ἐκ τοῦ θεοῦ ἐστε, τεκνία, καὶ νενικήκατε αὐτούς, ὅτι μείζων ἐστὶν ὁ ἐν ὑμῖν ἢ ὁ ἐν τῷ κόσμῳ. —5— Αὐτοὶ ἐκ τοῦ κόσμου εἰσίν· διὰ τοῦτο ἐκ τοῦ κόσμου λαλοῦσιν καὶ ὁ κόσμος αὐτῶν ἀκούει. —6— Ἡμεῖς ἐκ τοῦ θεοῦ ἐσμεν· ὁ γινώσκων τὸν θεὸν ἀκούει ἡμῶν, ὃς οὐκ ἔστιν ἐκ τοῦ θεοῦ οὐκ ἀκούει ἡμῶν. Ἐκ τούτου γινώσκομεν τὸ πνεῦμα τῆς ἀληθείας καὶ τὸ πνεῦμα τῆς πλάνης.

—7— Ἀγαπητοί, ἀγαπῶμεν ἀλλήλους, ὅτι ἡ ἀγάπη ἐκ τοῦ θεοῦ ἐστιν, καὶ πᾶς ὁ ἀγαπῶν ἐκ τοῦ θεοῦ γεγέννηται καὶ γινώσκει τὸν Θεόν. —8— Ὁ μὴ ἀγαπῶν οὐκ ἔγνω τὸν θεόν, ὅτι ὁ θεὸς ἀγάπη ἐστίν. —9— Ἐν τούτῳ ἐφανερώθη ἡ ἀγάπη τοῦ θεοῦ ἐν ἡμῖν, ὅτι τὸν υἱὸν αὐτοῦ τὸν μονογενῆ ἀπέσταλκεν ὁ θεὸς εἰς τὸν κόσμον ἵνα ζήσωμεν δι' αὐτοῦ. —10— Ἐν τούτῳ ἐστὶν ἡ ἀγάπη, οὐχ ὅτι ἡμεῖς ἠγαπήκαμεν τὸν θεόν, ἀλλ' ὅτι αὐτὸς ἠγάπησεν ἡμᾶς καὶ ἀπέστειλεν τὸν υἱὸν αὐτοῦ ἱλασμὸν περὶ τῶν ἁμαρτιῶν ἡμῶν. —11— Ἀγαπητοί, εἰ οὕτως ὁ θεὸς ἠγάπησεν ἡμᾶς, καὶ ἡμεῖς ὀφείλομεν ἀλλήλους ἀγαπᾶν. —12— Θεὸν οὐδεὶς πώποτε τεθέαται· ἐὰν ἀγαπῶμεν ἀλλήλους, ὁ θεὸς ἐν ἡμῖν μένει καὶ ἡ ἀγάπη αὐτοῦ ἐν ἡμῖν τετελειωμένη ἐστίν.

—13— Ἐν τούτῳ γινώσκομεν ὅτι ἐν αὐτῷ μένομεν καὶ αὐτὸς ἐν ἡμῖν, ὅτι ἐκ τοῦ πνεύματος αὐτοῦ δέδωκεν ἡμῖν. —14— Καὶ ἡμεῖς τεθεάμεθα καὶ μαρτυροῦμεν ὅτι ὁ πατὴρ ἀπέσταλκεν τὸν υἱὸν σωτῆρα τοῦ κόσμου. —15— Ὃς ἐὰν ὁμολογήσῃ ὅτι Ἰησοῦς ἐστιν ὁ υἱὸς τοῦ θεοῦ, ὁ θεὸς ἐν αὐτῷ μένει καὶ αὐτὸς ἐν τῷ θεῷ. —16— Καὶ ἡμεῖς ἐγνώκαμεν καὶ πεπιστεύκαμεν τὴν ἀγάπην ἣν ἔχει ὁ θεὸς ἐν ἡμῖν.

Ὁ θεὸς ἀγάπη ἐστίν, καὶ ὁ μένων ἐν τῇ ἀγάπῃ ἐν τῷ θεῷ μένει καὶ ὁ θεὸς ἐν αὐτῷ μένει. —17— Ἐν τούτῳ τετελείωται ἡ ἀγάπη μεθ' ἡμῶν, ἵνα παρρησίαν ἔχωμεν ἐν τῇ ἡμέρᾳ τῆς κρίσεως, ὅτι καθὼς ἐκεῖνός ἐστιν καὶ ἡμεῖς ἐσμεν ἐν τῷ κόσμῳ τούτῳ. —18— Φόβος οὐκ ἔστιν ἐν τῇ ἀγάπῃ, ἀλλ' ἡ τελεία ἀγάπη ἔξω βάλλει τὸν φόβον, ὅτι ὁ φόβος κόλασιν ἔχει, ὁ δὲ φοβούμενος οὐ τετελείωται ἐν τῇ ἀγάπῃ. —19— Ἡμεῖς ἀγαπῶμεν, ὅτι αὐτὸς πρῶτος ἠγάπησεν ἡμᾶς. —20— Ἐάν τις εἴπῃ ὅτι Ἀγαπῶ τὸν θεόν, καὶ τὸν ἀδελφὸν αὐτοῦ μισῇ, ψεύστης ἐστίν· ὁ γὰρ μὴ ἀγαπῶν τὸν ἀδελφὸν αὐτοῦ ὃν ἑώρακεν, τὸν θεὸν ὃν οὐχ ἑώρακεν οὐ δύναται ἀγαπᾶν. —21— Καὶ ταύτην τὴν ἐντολὴν ἔχομεν ἀπ' αὐτοῦ, ἵνα ὁ ἀγαπῶν τὸν θεὸν ἀγαπᾷ καὶ τὸν ἀδελφὸν αὐτοῦ.

confesser Jésus n'est pas de Dieu ; et c'est là le fait de l'Antichrist, dont vous gardez dans l'oreille qu'il vient ; et il est maintenant déjà dans le monde. −4− Vous êtes de Dieu, vous, petits enfants, et vous avez sur eux la victoire, parce qu'il est plus grand, celui qui est en vous, que celui qui est dans le monde. −5− Eux sont du monde ; c'est pourquoi ils tiennent du monde leur langage, et le monde les écoute. −6− Nous, nous sommes de Dieu ; celui qui connaît Dieu nous écoute, celui qui n'est pas de Dieu ne nous écoute pas. De là nous connaissons l'esprit de la vérité et l'esprit de l'égarement.

−7− Bien-aimés, aimons-nous les uns les autres, parce que l'amour est de Dieu ; et quiconque aime est né de Dieu et connaît Dieu. −8− Celui qui n'aime pas ne connut pas Dieu, parce que Dieu est amour. −9− En ceci fut manifesté l'amour de Dieu en nous, en ce que Dieu a dépêché en mission son Fils, l'Unique, dans le monde afin que nous vivions à travers lui. −10− En ceci consiste l'amour, non en ce que notre amour est acquis à Dieu, mais en ce qu'il nous aima lui-même, et dépêcha son Fils comme victime propitiatoire au sujet de nos péchés. −11− Bien-aimés, si Dieu à ce point nous aima, nous aussi nous devons nous aimer les uns les autres. −12− Personne ne garde le spectacle de Dieu ; si nous venons à nous aimer les uns les autres, Dieu demeure en nous et son amour possède en nous sa perfection.

−13− En ceci nous connaissons que nous demeurons en Lui et Lui en nous, en ce que de son esprit il nous a fait le don. −14− Et nous, nous gardons le spectacle, et témoignons que le Père a dépêché son Fils en mission comme sauveur du monde. −15− Celui qui vient à confesser que Jésus est le Fils de Dieu, Dieu demeure en lui, et lui en Dieu. −16− Et nous, nous avons connaissance de l'amour que Dieu possède en nous et nous en possédons la foi.

Dieu est amour, et celui qui demeure dans l'amour demeure en Dieu et Dieu demeure en lui. −17− En ceci l'amour avec nous a sa perfection, en ce que nous avons assurance le jour du jugement, parce que, de même que Lui est, de même nous, dans ce monde-là nous sommes. −18− Dans l'amour il n'est pas de frayeur, mais l'amour parfait expulse la frayeur, parce que la frayeur comporte châtiment, et que celui qui s'effraye n'a pas sa perfection dans l'amour. −19− Nous, aimons, parce qu'il nous aima lui-même le premier. −20− Si quelqu'un vient à dire « j'aime Dieu » et à haïr son frère, il est un menteur ; car celui qui n'aime pas son frère, dont il garde la vue, Dieu, dont il ne garde pas la vue, il ne peut l'aimer. −21− Et de lui nous tenons ce mandement-là, que celui qui aime Dieu aime aussi son frère.

5 – 1 – Πᾶς ὁ πιστεύων ὅτι Ἰησοῦς ἐστιν ὁ Χριστὸς ἐκ τοῦ θεοῦ γεγέννηται, καὶ πᾶς ὁ ἀγαπῶν τὸν γεννήσαντα ἀγαπᾷ [καὶ] τὸν γεγεννημένον ἐξ αὐτοῦ. – 2 – Ἐν τούτῳ γινώσκομεν ὅτι ἀγαπῶμεν τὰ τέκνα τοῦ θεοῦ, ὅταν τὸν θεὸν ἀγαπῶμεν καὶ τὰς ἐντολὰς αὐτοῦ ποιῶμεν. – 3 – Αὕτη γάρ ἐστιν ἡ ἀγάπη τοῦ θεοῦ, ἵνα τὰς ἐντολὰς αὐτοῦ τηρῶμεν · καὶ αἱ ἐντολαὶ αὐτοῦ βαρεῖαι οὐκ εἰσίν, – 4 – ὅτι πᾶν τὸ γεγεννημένον ἐκ τοῦ θεοῦ νικᾷ τὸν κόσμον · καὶ αὕτη ἐστὶν ἡ νίκη ἡ νικήσασα τὸν κόσμον, ἡ πίστις ἡμῶν. – 5 – Τίς [δέ] ἐστιν ὁ νικῶν τὸν κόσμον εἰ μὴ ὁ πιστεύων ὅτι Ἰησοῦς ἐστιν ὁ υἱὸς τοῦ θεοῦ ;

– 6 – Οὗτός ἐστιν ὁ ἐλθὼν δι᾽ ὕδατος καὶ αἵματος, Ἰησοῦς Χριστός · οὐκ ἐν τῷ ὕδατι μόνον ἀλλ᾽ ἐν τῷ ὕδατι καὶ ἐν τῷ αἵματι · καὶ τὸ πνεῦμά ἐστιν τὸ μαρτυροῦν, ὅτι τὸ πνεῦμά ἐστιν ἡ ἀλήθεια. – 7 – Ὅτι τρεῖς εἰσιν οἱ μαρτυροῦντες, – 8 – τὸ πνεῦμα καὶ τὸ ὕδωρ καὶ τὸ αἷμα, καὶ οἱ τρεῖς εἰς τὸ ἕν εἰσιν. – 9 – Εἰ τὴν μαρτυρίαν τῶν ἀνθρώπων λαμβάνομεν, ἡ μαρτυρία τοῦ θεοῦ μείζων ἐστίν, ὅτι αὕτη ἐστὶν ἡ μαρτυρία τοῦ θεοῦ, ὅτι μεμαρτύρηκεν περὶ τοῦ υἱοῦ αὐτοῦ. – 10 – Ὁ πιστεύων εἰς τὸν υἱὸν τοῦ θεοῦ ἔχει τὴν μαρτυρίαν ἐν ἑαυτῷ · ὁ μὴ πιστεύων τῷ θεῷ ψεύστην πεποίηκεν αὐτόν, ὅτι οὐ πεπίστευκεν εἰς τὴν μαρτυρίαν ἣν μεμαρτύρηκεν ὁ θεὸς περὶ τοῦ υἱοῦ αὐτοῦ. – 11 – Καὶ αὕτη ἐστὶν ἡ μαρτυρία, ὅτι ζωὴν αἰώνιον ἔδωκεν ἡμῖν ὁ θεός, καὶ αὕτη ἡ ζωὴ ἐν τῷ υἱῷ αὐτοῦ ἐστιν. – 12 – Ὁ ἔχων τὸν υἱὸν ἔχει τὴν ζωήν · ὁ μὴ ἔχων τὸν υἱὸν τοῦ θεοῦ τὴν ζωὴν οὐκ ἔχει.

– 13 – Ταῦτα ἔγραψα ὑμῖν ἵνα εἰδῆτε ὅτι ζωὴν ἔχετε αἰώνιον, τοῖς πιστεύουσιν εἰς τὸ ὄνομα τοῦ υἱοῦ τοῦ θεοῦ. – 14 – Καὶ αὕτη ἐστὶν ἡ παρρησία ἣν ἔχομεν πρὸς αὐτόν, ὅτι ἐάν τι αἰτώμεθα κατὰ τὸ θέλημα αὐτοῦ ἀκούει ἡμῶν. – 15 – Καὶ ἐὰν οἴδαμεν ὅτι ἀκούει ἡμῶν ὃ ἐὰν αἰτώμεθα, οἴδαμεν ὅτι ἔχομεν τὰ αἰτήματα ἃ ᾐτήκαμεν ἀπ᾽ αὐτοῦ.

– 16 – Ἐάν τις ἴδῃ τὸν ἀδελφὸν αὐτοῦ ἁμαρτάνοντα ἁμαρτίαν μὴ πρὸς θάνατον, αἰτήσει, καὶ δώσει αὐτῷ ζωήν, τοῖς ἁμαρτάνουσιν μὴ πρὸς θάνατον. Ἔστιν ἁμαρτία πρὸς θάνατον. Οὐ περὶ ἐκείνης λέγω ἵνα ἐρωτήσῃ. – 17 – Πᾶσα ἀδικία ἁμαρτία ἐστίν, καὶ ἔστιν ἁμαρτία οὐ πρὸς θάνατον.

– 18 – Οἴδαμεν ὅτι πᾶς ὁ γεγεννημένος ἐκ τοῦ θεοῦ οὐχ ἁμαρτάνει, ἀλλ᾽ ὁ γεννηθεὶς ἐκ τοῦ θεοῦ τηρεῖ αὐτόν, καὶ ὁ πονηρὸς οὐχ ἅπτεται αὐτοῦ. – 19 – Οἴδαμεν ὅτι ἐκ τοῦ θεοῦ ἐσμεν, καὶ ὁ κόσμος ὅλος ἐν τῷ πονηρῷ κεῖται. – 20 – Οἴδαμεν δὲ ὅτι ὁ υἱὸς τοῦ θεοῦ ἥκει, καὶ δέδωκεν ἡμῖν διάνοιαν ἵνα γινώσκωμεν τὸν ἀληθινόν · καὶ ἐσμὲν ἐν τῷ ἀληθινῷ, ἐν τῷ υἱῷ αὐτοῦ Ἰησοῦ Χριστῷ. Οὗτός ἐστιν ὁ ἀληθινὸς θεὸς καὶ ζωὴ αἰώνιος.

– 21 – Τεκνία, φυλάξατε ἑαυτὰ ἀπὸ τῶν εἰδώλων.

5 − 1 − Quiconque a la foi que Jésus est le Christ est engendré de Dieu, et quiconque aime celui qui engendra aime aussi celui qui de lui est engendré. − 2 − Le moyen de connaître que nous aimons les enfants de Dieu, c'est que nous aimons Dieu et faisons ses mandements. − 3 − Car c'est cela l'amour de Dieu, que nous gardons ses mandements ; et ses mandements ne sont pas pesants, − 4 − parce que tout ce qui est né de Dieu vainc le monde ; et c'est cela la victoire qui vainquit le monde, notre foi. − 5 − Et qui vainc le monde sinon celui qui a la foi que Jésus est le Fils de Dieu ?

− 6 − C'est celui-là qui vint à travers l'eau et le sang, Jésus-Christ ; non pas seulement par l'eau, mais par l'eau et par le sang ; et c'est l'Esprit qui est ce qui témoigne, parce que l'Esprit est la vérité. − 7 − Car ils sont trois à témoigner, − 8 − l'Esprit, l'eau, et le sang, et les trois sont un. − 9 − S'il est vrai que nous acceptons le témoignage des hommes, le témoignage de Dieu est plus grand, parce que ceci est le témoignage de Dieu, qu'il est témoin au sujet de son Fils. − 10 − Celui qui a foi en le Fils de Dieu tient en soi le témoignage ; celui qui n'a pas la foi en Dieu en fait une fois pour toutes un menteur, parce qu'il ne possède pas la foi en le témoignage dont Dieu au sujet de son Fils est témoin. − 11 − Et ceci est le témoignage, que Dieu nous donna vie éternelle, et cette vie est dans son Fils. − 12 − Celui qui a le Fils a la vie ; celui qui n'a pas le Fils de Dieu n'a pas la vie.

− 13 − Je vous écris ces choses, à vous, pour que vous sachiez que vous avez une vie éternelle, à vous qui avez la foi en le nom du Fils de Dieu. − 14 − Et ceci est l'assurance que nous avons face à lui, que, si nous venons à demander quelque chose selon sa volonté, il nous écoute. − 15 − Et si nous savons qu'il nous écoute en ce que nous venons à demander, nous savons que nous avons les demandes à lui par nous demandées.

− 16 − Si quelqu'un vient à voir que son frère pèche d'un péché qui ne donne pas sur la mort, il demandera, et Il lui accordera la vie, pour ceux dont le péché ne donne pas sur la mort. Il existe un péché donnant sur la mort. Ce n'est pas pour celui-là que je dis de solliciter. − 17 − Toute iniquité est péché, et c'est un péché donnant sur la mort.

− 18 − Nous savons que quiconque est engendré de Dieu ne pèche pas, mais celui que Dieu a engendré le garde, et le Mauvais ne le touche pas. − 19 − Nous savons que nous sommes de Dieu, et le monde gît entier dans le Mauvais. − 20 − Nous savons aussi que le Fils de Dieu est venu, et il nous a fait le don d'une pensée pour que nous connaissions le Vrai ; et en le Vrai nous sommes, en son Fils Jésus-Christ. C'est celui-là le Dieu vrai et la vie éternelle.

− 21 − Petits enfants, gardez-vous des idoles.

ΙΩΑΝΝΟΥ Β

–1– Ὁ πρεσβύτερος ἐκλεκτῇ κυρίᾳ καὶ τοῖς τέκνοις αὐτῆς, οὓς ἐγὼ ἀγαπῶ ἐν ἀληθείᾳ, καὶ οὐκ ἐγὼ μόνος ἀλλὰ καὶ πάντες οἱ ἐγνωκότες τὴν ἀλήθειαν, –2– διὰ τὴν ἀλήθειαν τὴν μένουσαν ἐν ἡμῖν, καὶ μεθ᾽ ἡμῶν ἔσται εἰς τὸν αἰῶνα. –3– Ἔσται μεθ᾽ ἡμῶν χάρις ἔλεος εἰρήνη παρὰ θεοῦ πατρός, καὶ παρὰ Ἰησοῦ Χριστοῦ τοῦ υἱοῦ τοῦ πατρός, ἐν ἀληθείᾳ καὶ ἀγάπῃ.

–4– Ἐχάρην λίαν ὅτι εὕρηκα ἐκ τῶν τέκνων σου περιπατοῦντας ἐν ἀληθείᾳ, καθὼς ἐντολὴν ἐλάβομεν παρὰ τοῦ πατρός. –5– Καὶ νῦν ἐρωτῶ σε, κυρία, οὐχ ὡς ἐντολὴν καινὴν γράφων σοι ἀλλὰ ἣν εἴχομεν ἀπ᾽ ἀρχῆς, ἵνα ἀγαπῶμεν ἀλλήλους. –6– Καὶ αὕτη ἐστὶν ἡ ἀγάπη, ἵνα περιπατῶμεν κατὰ τὰς ἐντολὰς αὐτοῦ· αὕτη ἡ ἐντολή ἐστιν, καθὼς ἠκούσατε ἀπ᾽ ἀρχῆς, ἵνα ἐν αὐτῇ περιπατῆτε. –7– Ὅτι πολλοὶ πλάνοι ἐξῆλθον εἰς τὸν κόσμον, οἱ μὴ ὁμολογοῦντες Ἰησοῦν Χριστὸν ἐρχόμενον ἐν σαρκί· οὗτός ἐστιν ὁ πλάνος καὶ ὁ ἀντίχριστος. –8– Βλέπετε ἑαυτούς, ἵνα μὴ ἀπολέσητε ἃ εἰργασάμεθα ἀλλὰ μισθὸν πλήρη ἀπολάβητε. –9– Πᾶς ὁ προάγων καὶ μὴ μένων ἐν τῇ διδαχῇ τοῦ Χριστοῦ θεὸν οὐκ ἔχει· ὁ μένων ἐν τῇ διδαχῇ, οὗτος καὶ τὸν πατέρα καὶ τὸν υἱὸν ἔχει. –10– Εἴ τις ἔρχεται πρὸς ὑμᾶς καὶ ταύτην τὴν διδαχὴν οὐ φέρει, μὴ λαμβάνετε αὐτὸν εἰς οἰκίαν καὶ χαίρειν αὐτῷ μὴ λέγετε. –11– Ὁ λέγων γὰρ αὐτῷ χαίρειν κοινωνεῖ τοῖς ἔργοις αὐτοῦ τοῖς πονηροῖς.

–12– Πολλὰ ἔχων ὑμῖν γράφειν οὐκ ἐβουλήθην διὰ χάρτου καὶ μέλανος, ἀλλὰ ἐλπίζω γενέσθαι πρὸς ὑμᾶς καὶ στόμα πρὸς στόμα λαλῆσαι, ἵνα ἡ χαρὰ ἡμῶν πεπληρωμένη ᾖ. –13– Ἀσπάζεταί σε τὰ τέκνα τῆς ἀδελφῆς σου τῆς ἐκλεκτῆς.

ÉPÎTRE II

−1− L'Ancien, à la Dame élue et à ses enfants, que j'aime, moi, dans la vérité, et non pas moi seul, mais aussi tous ceux qui de la vérité ont connaissance, −2− à cause de la vérité, celle qui demeure en nous, et à jamais avec nous elle sera. −3− Seront avec nous grâce, miséricorde, paix, venues de Dieu le Père et de Jésus-Christ le Fils du Père, en vérité et en amour.

−4− Grande est ma joie d'avoir trouvé de tes enfants qui marchaient dans la vérité, selon que du Père nous en reçûmes mandement. −5− Et maintenant, je te demande, ô Dame ! non pas en homme qui t'écrit un mandement nouveau, mais celui que nous avions depuis le début : que nous nous aimions les uns les autres. −6− Et c'est cela l'amour, que nous marchions selon ses mandements ; c'est cela son mandement, comme dès le début vous l'entendîtes, qu'en lui vous marchiez. −7− Car beaucoup d'égareurs sont sortis sur le monde, ceux qui refusent de confesser que Jésus-Christ vient dans la chair ; celui-là est l'égareur et l'Antichrist. −8− Voyez à ne pas perdre, vous, ce que nous oeuvrâmes, mais à recevoir salaire plein. −9− Quiconque pousse en avant, sans demeurer dans l'enseignement du Christ, n'a pas Dieu ; celui qui demeure dans l'enseignement, il a, celui-là, et le Père et le Fils. −10− Tous ceux qui viennent à vous sans porter cet enseignement, cessez de les prendre dans la maison, et de leur dire le bonjour. −11− Car celui qui leur dit le bonjour communie à leurs œuvres, les mauvaises.

−12− Tout en ayant beaucoup de choses à vous dire, je n'ai pas voulu user de papier et d'encre, mais j'espère me trouver en face de vous et parler de vive voix, afin que notre joie ait sa plénitude. −13− Les enfants de ta Sœur l'élue te saluent.

ΙΩΑΝΝΟΥ Γ

—1— Ὁ πρεσβύτερος Γαΐῳ τῷ ἀγαπητῷ, ὃν ἐγὼ ἀγαπῶ ἐν ἀληθείᾳ.

—2— Ἀγαπητέ, περὶ πάντων εὔχομαί σε εὐοδοῦσθαι καὶ ὑγιαίνειν, καθὼς εὐοδοῦταί σου ἡ ψυχή. —3— Ἐχάρην γὰρ λίαν ἐρχομένων ἀδελφῶν καὶ μαρτυρούντων σου τῇ ἀληθείᾳ, καθὼς σὺ ἐν ἀληθείᾳ περιπατεῖς. —4— Μειζοτέραν τούτων οὐκ ἔχω χαράν, ἵνα ἀκούω τὰ ἐμὰ τέκνα ἐν τῇ ἀληθείᾳ περιπατοῦντα.

—5— Ἀγαπητέ, πιστὸν ποιεῖς ὃ ἐὰν ἐργάσῃ εἰς τοὺς ἀδελφοὺς καὶ τοῦτο ξένους, —6— οἳ ἐμαρτύρησάν σου τῇ ἀγάπῃ ἐνώπιον ἐκκλησίας, οὓς καλῶς ποιήσεις προπέμψας ἀξίως τοῦ θεοῦ· —7— Ὑπὲρ γὰρ τοῦ ὀνόματος ἐξῆλθον μηδὲν λαμβάνοντες ἀπὸ τῶν ἐθνικῶν. —8— Ἡμεῖς οὖν ὀφείλομεν ὑπολαμβάνειν τοὺς τοιούτους, ἵνα συνεργοὶ γινώμεθα τῇ ἀληθείᾳ.

—9— Ἔγραψα ἂν τῇ ἐκκλησίᾳ· ἀλλ' ὁ φιλοπρωτεύων αὐτῶν Διοτρέφης οὐκ ἐπιδέχεται ἡμᾶς. —10— Διὰ τοῦτο, ἐὰν ἔλθω, ὑπομνήσω αὐτοῦ τὰ ἔργα ἃ ποιεῖ, λόγοις πονηροῖς φλυαρῶν ἡμᾶς· καὶ μὴ ἀρκούμενος ἐπὶ τούτοις οὔτε αὐτὸς ἐπιδέχεται τοὺς ἀδελφοὺς καὶ τοὺς βουλομένους κωλύει καὶ ἐκ τῆς ἐκκλησίας ἐκβάλλει.

—11— Ἀγαπητέ, μὴ μιμοῦ τὸ κακὸν ἀλλὰ τὸ ἀγαθόν. Ὁ ἀγαθοποιῶν ἐκ τοῦ θεοῦ ἐστιν· ὁ κακοποιῶν οὐχ ἑώρακεν τὸν θεόν.

—12— Δημητρίῳ μεμαρτύρηται ὑπὸ πάντων καὶ ὑπὸ αὐτῆς τῆς ἀληθείας· καὶ ἡμεῖς δὲ μαρτυροῦμεν, καὶ οἶδας ὅτι ἡ μαρτυρία ἡμῶν ἀληθής ἐστιν.

—13— Πολλὰ εἶχον γράψαι σοι, ἀλλ' οὐ θέλω διὰ μέλανος καὶ καλάμου σοι γράφειν· —14— ἐλπίζω δὲ εὐθέως σε ἰδεῖν, καὶ στόμα πρὸς στόμα λαλήσομεν.

—15— Εἰρήνη σοι. Ἀσπάζονταί σε οἱ φίλοι. Ἀσπάζου τοὺς φίλους κατ' ὄνομα.

ÉPÎTRE III

– 1 – L'Ancien, à Gaïos le bien-aimé, que moi j'aime en vérité.

– 2 – Bien-aimé, par-dessus tout je te souhaite voie droite et santé, selon la voie droite de ton âme. – 3 – Car grande est ma joie maintenant qu'arrivent des frères, et qu'ils témoignent de ta vérité, selon ta marche, à toi, en vérité. – 4 – Je n'ai pas de joie plus grande que d'apprendre que mes enfants marchent dans la vérité.

– 5 – Bien-aimé, tu fais fiable ce que tu œuvres pour les frères — bien plus, des étrangers — – 6 – qui témoignèrent de ton amour sous les regards d'une église, au voyage desquels tu feras bien de pourvoir d'une façon digne de Dieu. – 7 – Ils sortirent en effet pour la défense du Nom, sans rien recevoir des Gentils. – 8 – Nous devons donc, nous, soutenir en hôtes de tels hommes, afin que nous soyons coopérateurs pour la vérité.

– 9 – J'aurais écrit à l'église ; mais Diotréphès, qui aspire à en être le chef, ne nous accueille pas. – 10 – C'est pourquoi, si je viens, je lui ferai garder en mémoire les actes qu'il fait quand il nous couvre d'insanités par des paroles mauvaises ; et loin de s'en contenter il commence, lui, par ne pas accueillir les frères, et ceux qui le veulent, il les empêche et les chasse de l'église.

– 11 – Bien-aimé, jamais n'imite le mal, mais le bien. Celui qui fait le bien est de Dieu ; celui qui fait le mal n'a pas la vision de Dieu.

– 12 – Démétrios possède un témoignage venant de tous, et de la vérité elle-même ; et nous aussi nous témoignons, et tu sais que notre témoignage est vrai.

– 13 – J'avais beaucoup de choses à t'écrire, mais je ne veux employer encre et plume pour t'écrire ; – 14 – j'espère cependant te voir vite, et puis nous parlerons tête à tête.

– 15 – Paix à toi. Les amis te saluent. Salue les amis nommément.

NOTES DE LA TRADUCTION

ÉPÎTRE I, CHAP. 1

– 1 : *depuis le Principe* : le substantif ἀρχή, sans article, tiré de *Gen.* 1, 1, et l'imparfait ἦν seront repris au v. 1 du Prologue de l'évangile de Jean. Le Principe est la semence du monde ; fonction du Verbe, il est à l'origine de tout. Dans ses *Épîtres* Jean use dix fois du mot, et toujours dans l'expression ἀπ' ἀρχῆς, avec le sens de « Principe » (Principium), 2, 13 et 14 (cf. *Col.* 1, 18), et avec le sens plus ordinaire de « début » (initium), joint au verbe « entendre », 2, 24 *(bis)* ; 3, 11 ; II, 6 ; joint au verbe « avoir », 2, 7 ; II, 5 ; au verbe « pécher », 3, 8, s'agissant du diable ; cf. *Jn.* 8, 44. — Dans l'*Apocalypse* le mot signifie « Principe », 1, 8 (selon les manuscrits) ; 3, 14 ; 21, 6 ; 22, 13. Ici, 2, 13 et 14 Jésus est le Principe.

– *était* : Jésus dit qu'il est ὁ ὤν, « celui qui est » (à l'infini) : *Jn.* 1, 18 ; 3, 13 ; 6, 46 ; 8, 47. Dans l'*Apocalypse* il est même ὁ ὢν καὶ ὁ ἦν, « celui qui est et celui qui *était* » (un imparfait de l'indicatif extraordinaire, lié à l'article) 1, 4 et 8 ; 4, 8 ; 11, 17 ; 16, 5. — Après l'absolu du Principe, indiqué par le relatif *neutre* ὅ, on entre sur-le-champ dans le domaine de l'humain : Jésus fut aussi un homme, visible, et Jean l'a entendu et vu, et le toucha de ses mains.

– *gardons dans l'oreille ... dans les yeux* : même association de l'oreille et des yeux *Jn.* 5, 37. Jean est le seul évangéliste à faire usage du parfait résultatif ; ce temps désigne un résultat qui a un résultat, durant toujours. On en compte quatre-vingt-cinq dans l'évangile et, dans les épîtres, vingt-six, répartis en dix-sept verbes, εὑρίσκω, « trouver » (II, 4) ; γινώσκω, « connaître » (sept exemples) ; ποιῶ, « faire » (I, 5, 10) ; ἀποστέλλω, dit du Père qui a dépêché le Fils en mission (I, 4, 9 et 14) ; θεῶμαι, « contempler » (I, 4, 14) ; δίδωμι, « donner » (I, 3, 1 ; 4, 13 ; 5, 20). Ici nous avons les deux premiers de ces parfaits, dès le premier verset, dits de ce qui reste dans l'oreille et qui reste dans les yeux. Ἀκήκοα aura trois autres exemples, dont deux aux vv. 3 et 5 ; ἑώρακα en aura six autres, dont deux dans les vv. 2 et 3 : ces deux verbes sont ceux du témoin. (Pour simplifier, on ne relève que les parfaits résultatifs de l'indicatif et à l'actif.)

– *contemplâmes* : Jean, comme on vient de le voir, n'ignore pas le parfait résultatif du verbe θεᾶσθαι ; il l'emploie dans son évangile, 1, 32. Son choix ici de l'aoriste est intentionnel, comme celui du verbe suivant « tâtèrent » ; ces aoristes s'appliquent à un moment du passé vécu de Jean.

– *tâtèrent* : le verbe ψηλαφᾶν n'a que trois autres exemples dans le N.T., *Lc.* 24, 39 ; *Actes* 17, 27 ; *Héb.* 12, 18 (à propos d'une « réalité palpable »). Il appartient au grec littéraire depuis Homère dans le sens de « tâter », « chercher à tâtons » : ainsi le Cyclope aveuglé dans sa grotte, et *Actes* 17, 27 (voir la note B.L.), où Paul devant l'Aréopage demande si l'homme, « aveugle », peut « à tâtons » trouver Dieu. Le verbe s'applique ici aux contacts d'une vie intime avec Jésus pendant son ministère et après la Croix

quand, dans la réalité de sa résurrection, il boit et mange avec les disciples. De même Lc. 24, 39. Mais c'est la vérité du témoignage, et non du contact, qui conduit à la foi.

— *le Verbe de la vie* : le Λόγος est dans le Prologue : « en lui était la vie », 1, 4, puis : « le Verbe devint chair », 1, 14.

— 2 : *fut manifestée* : plein de la vision qu'il révèle, Jean est forcé de s'exprimer par des mots qui limitent ce qu'il voudrait dire. Il s'arrête sur le mot « vie », qui termine le v. 1, et développe au v. 2 le contenu de ce mot, comme dans le Prologue (cf. vv. 4 et 5), où est aussi marqué le rapport étroit entre la vie, la lumière et sa manifestation. Ces premiers versets ont quelque chose d'abrupt et de fulgurant. — Le verbe φανεροῦν, connu de Paul, est particulier à Jean, avec neuf exemples dans l'évangile et huit dans l'épître I ; jamais au parfait. A la fin du verset le même aoriste a pour complément le pronom ἡμῖν, qui désigne Jean, gardien de la vision.

— *témoignons ... annonçons ...* : ces deux présents de l'indicatif appliqués à l'actualité de l'épître font contraste avec les parfaits qui précèdent et qui suivent.

— *face au Père* : même πρός que dans le Prologue, 1, 1, « le Verbe était face à Dieu ». Jean donne souvent de la force aux prépositions, notamment, comme ici, dans un emploi prégnant, après le verbe εἶναι, « être », qui en soi n'exprime pas le mouvement.

— 3 : *à vous aussi* : c'est-à-dire à vous qui n'avez pas eu le privilège de voir Jésus de vos yeux ni de l'entendre de vos oreilles, ni non plus de pouvoir le toucher.

— *communion* : le mot est courant dans la littérature chrétienne primitive, pour signifier une *communauté*, celle de frères appelés à vivre ensemble avec le Père et avec le Fils, en dehors de laquelle on est « excommunié ».

— 4 : *écrivons* : la première personne du pluriel désigne Jean, sans être désormais un pluriel collectif ; car elle est celle du style épistolaire. Jean se sert indifféremment, semble-t-il, du présent et de l'aoriste ; cf. III, 9 et la note.

— *notre* : plus fort que « votre », donné par certains manuscrits, et préférable parce que Jean fait partie de la « communion » ; voir II Jn. 3.

— *plénitude* : Jean le dit de la χαρά, la « joie », dans son évangile, 15, 11 et 17, 13, où elle est à son comble.

— 5 : *ceci est l'annonce que ...* : même tour, et même solennité, que Jn. 1, 19 ; comme dans le grec littéraire, le démonstratif féminin αὕτη est le neutre τοῦτο qui a subi l'attraction de son attribut ; de même 5, 11, et aussi 5, 3 où ἵνα remplace ὅτι. Jean est le seul auteur du N.T. à employer le mot ἀγγελία ici et 3, 11 : c'est l'annonce par excellence, celle d'une chose unique, la vie éternelle, le commandement de Dieu, la victoire sur le monde, le témoignage, l'assurance dans la parole, due à la foi.

— *communiquons* : cf. Jn. 4, 25 et 16, 13 (Gabalda) et les notes. Le verbe implique les détails de la chose rapportée.

— *ténèbre* : on traduit par le singulier du mot pour marquer l'opposition de σκοτία avec le σκότος du v. 6 ; mais les deux mots ont pratiquement le même sens, même en dehors de Jean. Dans son évangile σκοτία désigne deux fois l'obscurité de la nuit, 6, 17 et 20, 1, toujours ailleurs les ténèbres, qui s'opposent à la lumière (cf. Prologue 1, 5) comme l'incroyance de l'aveugle à la foi du croyant.

— 8 : *égarons* : le verbe πλανᾶν suivi de l'accusatif se retrouve 2, 26 et 3, 7. En dépit de son inévitable traduction, il n'est pas pronominal. De même Jn. 7, 12 et 47. Voir *infra*, II, 7 et la note.

— 9 : *fiable* : rend bien l'adjectif πιστός, « à qui l'on peut se fier ». Dès la fin du XIIᵉ siècle on trouvait cet adjectif, avec ce sens, dans la traduction en français des sermons de saint Bernard, et notamment en parlant de Dieu.

— *(fiable) pour ...* : ἵνα final est ici très proche d'un ὥστε consécutif, comme il arrive dans le grec tardif. De même *Apoc.* 13, 13.

— 10 : *sommes sans péché* : premier exemple dans la première épître d'un parfait intransitif, opposé, par le sens, au parfait résultatif examiné au v. 1. Ce parfait, plus faible en général, désigne un *état stable* considéré dans le moment *présent*. On le trouve employé avec treize verbes dans le quatrième évangile. Ici, sur quarante exemples du

verbe ἁμαρτάνειν dans le N.T., est l'unique parfait. C'est dire sa force dans le présent verset, par opposition à l'indicatif présent de l'expression « nous n'avons pas de péché » au v. 8. — Cinq autres verbes sont employés à ce parfait, intransitif, dans cette épître : γέγονα, 2, 18 ; μεταβέβηκα, 3, 14 ; μεμαρτύρηκα, 5, 9 et 10 ; νενίκηκα, 2, 13 et 14 ; 4, 4 ; πεπίστευκα, 4, 16 ; 5, 10.

ÉPÎTRE I, CHAP. 2

– 1 : *nous avons (un avocat)* : Jean a la délicatesse de ne faire qu'un avec ses disciples, devant Jésus.

– *Christ* : l'adjectif χριστός, « oint », est devenu un nom propre. « Juste » (repris de 1, 9), adjectif de même, est le troisième nom donné au premier Paraclet, l'autre étant celui de Jn. 14, 16-17, « l'Esprit de Vérité ». Jésus est le Christ de justice qui, au verset suivant, est la victime offerte pour *justifier* les pécheurs.

– 2 : *victime propitiatoire* : Jean est le seul auteur du N.T. à faire usage du mot ἱλασμός (et aussi 4, 10), tiré de la Septante.

– *ceux (du monde)* : l'omission de l'article τῶν après les deux précédents est conforme à l'usage.

– 3 : *le moyen ... c'est que ...* : même tour exactement Jn. 13, 35. Jean aime assez faire commencer ses phrases par ἐν τούτῳ (trois autres exemples dans son évangile, 4, 37 ; 9, 30 ; 15, 8), dans sa première Épître (onze exemples), souvent auprès d'un verbe signifiant la connaissance, γινώσκειν, ou de la notion d'ἀγάπη ; il veut alors donner à ses disciples une définition, ou une explication, ou une précision, que ces deux mots annoncent. L'explication est donnée soit par une proposition simplement apposée (3, 10 et 24 ; 4, 2), soit par ὅτι (3, 16 ; 4, 9, 10 et 13), soit par ὅταν (5, 2) ou, comme ici. par ἐάν, ou encore par ἵνα (4, 17). L'exemple de 3, 19-20 offre une difficulté particulière, le texte n'étant pas absolument sûr. Quelquefois le tour, avec les mêmes mots, n'est plus le même, lorsque « en cela » n'annonce plus ce qui suit, comme dans les exemples donnés ci-dessus, mais ce qui précède, selon le sens habituel du démonstratif οὗτος, 2, 5 B ; 3, 24 ; 4, 2 ; Jn. 16, 30. Cf. « Sur l'emploi particulier d'un démonstratif chez Jean », *R.E.G.*, 1987, p. 256-267.

– *nous avons de lui connaissance* : le substantif abstrait aide à rendre le parfait résultatif du verbe γινώσκειν. La connaissance est totale, définitive, impérissable. Sur ce type de parfait voir la seconde note sur 1, 1.

– 5 : *a sa perfection* : le verbe τελειοῦν, « accomplir », « mener à sa fin », est employé toujours au parfait passif dans ses quatre exemples de la première *Épître*, ici et 4, 12, 17 et 18. Comme en Jn. 17, 23, ce parfait donne au verbe un sens plein et fort.

– 6 : *Lui* : il est impossible de rendre le démonstratif emphatique ἐκεῖνος, désignant Jésus, par un démonstratif français. De là le pronom personnel « Lui », avec une majuscule. De même *infra* aux versets 3, 4 et 7 ; 3, 3, 4, 7, etc.

– *marcher* : le verbe περιπατεῖν est pris par Jean soit dans le sens propre (surtout dans l'Évangile, où Jésus et d'autres font beaucoup de marches), soit, dans les *Épîtres*, au sens figuré, fréquent chez Paul, « se comporter ».

– 7 : *ancien* : le mandement, qui va être exprimé aux versets 9 et 11, a déjà été donné et entendu ; la parole de Dieu ne se situe pas dans le temps.

– *depuis le début* : voir la note 1, 1.

– *entendîtes* : cet aoriste qui, selon son sens habituel, s'applique à un moment du passé, le moment où les disciples de Jean sont venus à la foi par la prédication, s'oppose aux parfaits du même verbe dotés d'un sens fort, 1, 1 (voir la note) ; 1, 3 et 5.

– 8 : *d'un autre côté* : le mandement est, d'un côté, ancien, d'un autre côté, nouveau ; il est toujours nouveau, toujours à mettre en œuvre.

– *parce que* : la conjonction ὅτι, ici causale, explique l'adjectif «vrai».

– *brille* : cf. le Prologue de Jean, 1,5.

– 9 : *jusque-là* : aussi longtemps qu'il y a haine et ténèbres. — Dans le N.T. la préposition ἕως est souvent liée à un adverbe; ainsi Jn. 2,10; 5,17; 16,24.

– 10 : *occasion d'achopper* : voir Luc (B.L.) 17,1 et la note.

– 12 : *petits enfants* : les τέκνια, 2,1 (et cinq autres fois dans les *Épîtres)*, παιδία (I, 2,14; 18; 3,7) et ἀγαπητοί (v. 7, et neuf autres fois) sont les termes d'affection par lesquels Jean s'adresse à l'ensemble de ses disciples. Au verset suivant les pères et les jeunes hommes sont des catégories de disciples auxquelles il s'adresse. Les pères font partie des παιδία, et les jeunes hommes des enfants spirituels de Jean.

– 13 : *celui qui est depuis le Principe* : le français ne peut rendre cet emploi courant de l'article grec suivi d'une préposition, littéralement «le depuis (le Principe)». Inévitable est l'addition de «qui est». Jésus *est* depuis le Principe, et il *est* le Principe. Cf. le «Pater», Mt. 6,9, ὁ ἐν τοῖς οὐρανοῖς.

– *...la victoire* : même parfait intransitif de sens fort dans l'Évangile, où il est dit par Jésus, 16,33. Deux autres exemples ci-dessous vv. 14 et 4,4.

– 14 : *je vous ai écrit* : l'aoriste ne signifie sans doute pas qu'il y ait eu des lettres antérieures, malgré la différence avec les présents «je vous écris» qui précèdent. C'est un aoriste «épistolaire», visant ce que Jean est en train d'écrire dans la présente épître.

– 15 : *aimer* : sur les mots ἀγάπη, ἀγαπᾶν, voir C. Spicq, *Notes...*, I, p. 15-30. On ne trouve pas d'exemple du verbe quasi-synonyme φιλεῖν dans les *Épîtres* de Jean.

– *...du monde* : même tour de l'article avec préposition qu'au v. 13, littéralement «les choses *dans* ce monde», en tant que soustraites à Dieu.

– 16 : *la superbe* : ce substantif, encore usité aujourd'hui dans certains cas, est fréquent dans la langue classique. L'ἀλαζονεία est la *superbia* des Latins. La «superbe» est définie par Littré «orgueil avec faste et vaine gloire». Le mot grec n'a qu'un autre exemple dans le N.T., *Jacques* 4,16. Paul emploie deux fois l'adjectif ἀλαζών, fréquent dans le grec littéraire et connu de la Septante, mais avec des nuances différentes; cf. C. Spicq, *Notes...* I, p.66 : Si Jean ne mentionne pas une troisième *épithumia*, c'est qu'il vise «un vice plus grave que l'ostentation des riches ou leur arrogance vis-à-vis des pauvres. Il oppose à Dieu l'orgueil d'une créature, maîtresse de son existence, qui décide et dirige le cours de sa vie sans tenir compte de Dieu. Cette 'suffisance' est la contradiction même du devoir absolu d'adorer Dieu et de le servir religieusement.» Tel est le défaut des «esprits forts».

– *du (Père)...du (monde)* : Jean aime partout l'emploi de la préposition ἐκ et lui donne un sens fort après le verbe εἶναι, «être», comme en Jn. 15,19; 18,36 et 37; elle signifie la provenance et n'a pas besoin que le verbe «venir» soit exprimé. De même au v. 19, et 3,8,10 et 12,19, etc.

– 17 : *à jamais* : l'expression εἰς τὸν αἰῶνα se retrouve II *Jn.* 2; le mot αἰών a treize exemples dans l'Évangile de Jean et toujours, sauf 9,32, dans la présente expression (point rare dans le N.T.), dont dix sur les lèvres de Jésus. Chacun des Synoptiques n'en ayant que deux, on peut la dire particulière à Jean.

– 18 : *l'heure suprême* : celle où il faut choisir, parce que τὰ τέλη τῶν αἰώνων κατήντησεν, I *Cor.* 10,11.

– *il se trouve* : seul parfait γέγονα dans les *Épîtres* de Jean; il y en a sept dans son Évangile. Ce parfait intransitif indique la durée de la présence actuelle de ces «ennemis du Christ». Le mystère d'iniquité n'a pas de fin.

– 19 : *il fallait* : sur ce ἀλλ' ἵνα elliptique et très johannique, assez fréquent dans le IVᵉ Évangile à partir de 1,8, voir les *Études classiques*, 1986, p. 147-158.

– *qu'il devînt manifeste* : tour très littéraire de la construction personnelle remplaçant l'impersonnelle avec les verbes signifiant l'évidence ou la manifestation, ou leurs contraires; ainsi Thucydide 1,93,2; Platon, *Phédon* 64 b; *Rép.* 349 a; Xénophon, *Ec.* 1,19. On en trouve un exemple chez Paul, II *Cor.* 3,3.

– 20 : *onction* : le verbe χρίω signifie «oindre». Le χρίσμα est un hapax johannique

(deux autres exemples au v. 27) ; il rend semblable au Χριστός, qui est l'oint par excellence.

— 23 : *qui confesse* : le verbe ὁμολογεῖν se construit aussi avec le datif, mais avec des sens différents ; voir la n. 4, 2.

— 24 : *début* : c'est le début de la prédication aux frères (cf. note 1, 1). Même sens dans ce même verset et 3, 12 ; II, 6 ; cf. Jn. 16, 4.

— 25 : *c'est là* : sur ce tour, cf. *supra*, 1, 5.

— *la promesse* : le substantif ἐπαγγελία et le verbe ἐπαγγέλλεσθαι n'ont qu'un exemple chez Mc. 14, 11 et Lc. 24, 49. Point rares dans le reste du N.T., ils ne sont pas ailleurs chez Jean.

— 28 : *et maintenant* : même καὶ νῦν Jn. 14, 29.

— *demeurez* : force de l'impératif présent, marquant la durée ; il signifie presque « restez *toujours* ».

— *assurance* : cette *parrhèsie* eschatologique est celle de l'*Épître aux Hébreux*. Issue de l'*agapè*, elle « communique une audacieuse confiance du cœur dans les conjonctures les plus redoutables » (C. Spicq ; voir l'article sur la παρρησία, *Notes*..., Suppl. p. 526-533, notamment les deux dernières pages sur la *parrhèsie* de l'*Épître I*). En 4, 17 le contexte est encore celui du Jugement. En ce jour-là le chrétien peut s'exprimer avec hardiesse et confiance. Celui à qui Dieu « ferme la bouche » reste dans la confusion, étant incapable de trouver ses mots. Voir *infra*, 3, 21 ; 4, 17 ; 5, 14.

— 29 : *Juste* : le même δίκαιος que 1, 9 et 2, 1.

— *quiconque* : l'expression πᾶς ὁ + participe, suivie d'une principale ou incluse dans une subordonnée, est aimée de Jean : il l'emploie treize fois dans l'évangile, toujours dite par Jésus (sauf une fois par les Juifs, 19, 12) et quatorze fois par lui-même dans les *Épîtres* (ci-dessus v. 23, et ci-dessous sept fois ch. 3 ; 4, 7 ; 5, 1 *(bis)* ; 18 ; II, 9, chaque fois pour rappeler une loi de l'enseignement du Maître).

ÉPÎTRE I, CHAP. 3

— 1 : *quel* : exclamatif, souligne la grandeur de l'amour.

— *don* : le substantif abstrait aide à rendre le parfait résultatif exprimant l'éternité du don ; de même 4, 13 et 5, 20. — Voir la seconde note sur 2, 3.

— *nous le sommes* : enfants de Dieu ; cf. Jn. 1, 12. — Les mots καὶ ἐσμέν ne sont pas donnés par tous les manuscrits. Un glossateur a pu les ajouter.

— *la raison pour laquelle*... : voir l'article *R.E.G.* 1987, p. 256-267, n. 13.

— 2 : *s'Il* : le sujet du verbe n'est pas exprimé ; Jean pense toujours au Christ. La majuscule est employée pour que soit dissipée toute équivoque.

— *nous le verrons* : cf. Jn. 1, 18 et 6, 46. La vision totale du Christ nous identifiera à lui.

— 3 : *espérance* : le mot ἐλπίς est inconnu de tous les évangélistes. Jésus ne l'a donc sans doute pas prononcé. Dans le N.T. le complément substantif du mot (« espérance en ... ») est en général au génitif, quelquefois suivi de εἰς, jamais de ἐπί, sauf ici. — Sur le mot ἐλπίς, cf. Spicq, *Notes*..., Suppl. p. 259-272.

— *se purifie* : il faut être pur pour voir Dieu, Mt. 5, 8.

— *Lui* : Il n'est pas possible de rendre le démonstratif ἐκεῖνος autrement que par un pronom personnel ; on peut distinguer ce pronom par une majuscule.

— 4 : *le désordre* : l'ἀνομία n'est pas synonyme de l'ἀδικία, dont le sens est plus fort ; cf. I, 5, 17.

— 5 : *emporte les péchés* : voir Jn. 1, 29. — Certains manuscrits écrivent « nos (ἡμῶν) péchés ».

— 6 : *vision ... connaissance* : voir la seconde note 1,1 et la seconde note 2,3.

— 8 : *pour (détruire)* : même sens final de ἵνα que Jn. 18,37.

— *détruire* : même sens du verbe λύειν, Jn. 2,19, s'agissant du Temple, et aussi 7,23 ; 10,35.

— 10 : *en ceci* : voir *supra*, la n. 2, 3.

— 11 : *car* : ὅτι («parce que») se trouve quelquefois dans le N.T. après une ponctuation forte ; cf. le Prologue de Jean, 1, 16 et 17. Il équivaut alors à la conjonction γάρ. De même *infra*, au v. 7 de la seconde épître.

— *que (nous nous aimions)* : dans la koinè, ἵνα introduit souvent non pas une proposition finale, mais une complétive, qui pourrait être aussi bien à l'infinitif ; cf. ci-dessous v. 23 ; 4, 21 ; II Jn. 6 ; voir aussi Jn. 6, 29, 39, 40, 50 ; 15, 12 ; 17, 3.

— 12 : *égorgea* : Jean est le seul auteur du N.T. à faire usage du verbe très classique σφάζειν. Il y en a huit autres exemples dans l'*Apocalypse*.

— *pour quelle raison* : χάριν, accusatif adverbial très classique ; neuf exemples dans le N.T., ici seulement en tête de la phrase (cf. B.D.R., § 216, n. 2).

— 13 : *que* : εἰ introduit une complétive, aussi bien que ὅτι, dans la langue littéraire, après les verbes exprimant l'étonnement (souvent chez Platon). La traduction par «si» est également possible.

— 14 : *nous voici passés* : même parfait intransitif Jn. 5, 24, dans la même expression.

— *qui n'aime pas* : certains manuscrits ajoutent un complément «le frère», ou bien «son frère».

— 15 : *tueur d'hommes* : le mot est un hapax johannique du N.T. Il est l'épithète du diable Jn. 8, 44.

— 16 : *déposa* : l'expression, avec le verbe τιθέναι, est particulière à Jean, plusieurs fois dans son évangile à partir de 10, 11 ; voir la n. *Ev. Jean*.

— *pour notre défense* : le pasteur défend la vie de ses brebis, Jn. 10, 11.

— 17 : *celui qui ... en lui* : Jean aime jeter en tête de la phrase un relatif, pour le reprendre ensuite par un pronom personnel au cas voulu par la proposition qui suit.

— *nourritures terrestres* : littéralement «nourritures *du monde*» ; βίος a souvent dans le N.T. le sens très classique de «moyens de vivre» ; cf. Lc. 8, 43 ; 15, 12 et 13 et *supra* 2, 16, où le sens est plutôt «façon de vivre».

— *ferme ... ses entrailles* : expression hébraïque ; seul exemple du mot τὰ σπλάγχνα chez Jn. ; on le trouve chez Luc et Paul, dans la Septante aussi, qui emploie également dans le même sens d'«entrailles» le mot τὰ ἔγκατα. Le mot ἡ κοιλία, plus fréquent, n'est qu'un quasi-synonyme.

— *la porte* : le mot n'est plus ajouté ; il rappelle le sens propre du verbe κλείω, «fermer (une porte) *à clé*» ; il aide aussi à rendre la force de ἀπό qui marque une exclusion.

— 19 : *en ceci ...* : voir encore la note sur ἐν τούτῳ, 2, 3 et l'article cité là ; de même pour la note suivante.

— 20 : *en ce que* : le second ὅτι est, comme le premier, annoncé par ἐν τούτῳ ; ce second (qui en français serait suivi par un «dis-je») ne fait que reprendre le premier pour mettre davantage l'explication en valeur. Le style des épîtres est souvent plus parlé qu'écrit.

— 21 : *notre* : ἡμῶν est mis après καταγινώσκῃ (verbe qui commande le génitif) dans certains manuscrits. S'il est bien placé après καρδία, il est complément à la fois du substantif et du verbe.

— 22 : *nous le recevons* : le présent signifie que l'effet de la demande est *déjà* produit ; le don précède la demande, mais la demande permet de le recevoir.

— 24 : *par (l'Esprit) ...* : la préposition ἐκ signifie à la fois la provenance et la participation ; il est difficile de rendre ce double sens.

— 1 : *jamais ... toujours* : les deux adverbes traduisent l'idée de continuité exprimée par le présent des deux impératifs.

— *si les esprits* : τὰ πνεύματα, mis en prolepse, n'est pas un vrai complément de «vérifiez».

— *sont sortis* : le verbe ἐξέρχεσθαι, courant dans le N.T., n'y est employé, au parfait de l'indicatif, outre ici, que Mc. 7, 30, dit par Jésus du démon «sorti» de la jeune fille, et I *Thess.* 1, 8, dit de l'espoir (en quatre versets de Luc, la leçon de l'aoriste est à préférer, 7, 24, 25 et 26 ; 22, 52). Le parfait se trouve deux fois au participe, Lc. 8, 46 ; *Héb.* 7, 5 ; on note deux exemples du *plus-que*-parfait Lc. 8,2 et 38. La rareté de ce parfait de l'indicatif montre qu'il est pris ici avec toute sa valeur de chose définitivement acquise : le démon *est* toujours.

— 2 : *en ceci ...* : voir encore la note *supra* 2, 3 ; de même ci-dessous vv. 9, 10 et 13.

— *qui confesse que* : le verbe ὁμολογεῖν a deux sens, «confesser (le Christ)» et «confesser (des péchés)». Si le verbe «confesser» convient en français dans les deux cas, ses constructions sont différentes chez Jean dans les trois exemples de l'évangile et les six des épîtres : emploi absolu Jn. 12, 42 ; simple accusatif I Jn. 1, 9 ; 2, 23 ; 4, 3 ; double accusatif Jn. 9, 22 ; complétive avec ὅτι Jn. 1, 20 ; I Jn. 4, 15 ; complétive au participe ici et II Jn. 7.

— 3 : *refuse de confesser* : selon la leçon ordinaire, ici donnée, la construction semble être celle où la négation du verbe associée à celle de φημί, porte sur le verbe de la complétive qui suit, comme II, 7. Mais trois versions patristiques anciennes, au lieu de μὴ ὁμολογεῖ, donnent λύει, «dissout» (solvit). Ce verbe λύειν s'explique fort bien par le v. 14 du Prologue, «le Verbe devint chair»; le péché contre Jésus-Christ est de *séparer* ses deux natures, l'humaine et la divine. — La négation μή est celle d'une relative exprimant la condition. De même au v. 8.

— *...dans l'oreille* : sur ἀκηκόατε, voir *supra* la note 1, 1.

— *et il est ...* : une habitude de style chez Jean est de couper la construction d'une phrase par un brusque passage d'une subordonnée à ce qui est une principale précédée d'une coordination ; et la principale est ainsi mise en valeur ; par exemple dans son évangile, 1, 32 ; 5, 44 ; 15, 8 ; de même ci-dessous au v. 7.

— 4 : *...la victoire* : voir 2, 13 et la note.

— 5 : *les écoute* : le génitif après ἀκούειν signifie que la perception est immédiate et sûre. De même au verset suivant.

— 7 : *et quiconque ...* : la principale donne l'explication.

— 9 : *a dépêché en mission* : même parfait résultatif au v. 14 et dans l'évangile de Jean 5, 33 et 36 ; 20, 21. Voir *supra* la troisième note sur 1, 1.

— *à travers lui* : même sens de διά au v. 3 du Prologue.

— 10 : *aima* : il importe de distinguer du parfait qui précède immédiatement l'aoriste ἠγάπησεν, qui s'applique au fait unique de l'acte d'amour accompli par Dieu envoyant son Fils. Le contraste est d'autant plus saisissant que, de tout le N.T., où le verbe est courant, on en trouve ici le *seul* indicatif parfait. Quelques manuscrits cependant donnent l'aoriste au lieu du parfait. Dans son évangile, 16, 27, Jean a un exemple du parfait résultatif de sens proche, πεφίληκα.

— *victime propitiatoire* : voir ci-dessus 2, 2 et la note.

— 12 : *spectacle* : même parfait résultatif Jn. 1, 32 (voir la note éd. Gabalda) dit par Jean-Baptiste. De même ci-dessous v. 14. Dans le Prologue de l'évangile, 1, 18 (cf. la note éd. Gabalda), Jean use du même parfait du verbe : «Dieu, personne n'a jamais eu vue (ἑώρακεν) de lui.»

— *perfection* : même idée que 2, 5, avec ici un parfait périphrastique, plus fort que le

simple parfait τετελείωται, comme ci-dessous aux vv. 17 et 18. Jean respecte avec soin chaque nuance des temps du grec.

– 13 : *en ceci* : voir encore la note 2, 3.

– *de (son esprit)* : la préposition ἐx fait correspondre le substantif qu'elle régit à un complément direct, comme s'il était un simple génitif *partitif*. Ainsi est soulignée la substance du don.

– *le don* : sur le parfait résultatif δέδωχεν, voir 1, 1 troisième note.

– 14 : *...spectacle...que* : la construction du verbe θεᾶσθαι, qui implique la contemplation du beau, semble la même qu'en Jn. 6, 5, où ὅτι introduit une complétive dépendant du verbe, «contempler *que*...». Sur ce parfait résultatif, voir *Évangile de Jean* (éd. Gabalda), introduction, p. 48.

– 15 : *en lui* : on a vu plus haut, 3, 17, que Jean reprenait volontiers par un pronom personnel, au cas exigé par sa fonction, un pronom relatif sujet jeté en tête. C'est un cas, très classique, du *nominativus pendens*, fréquent en grec littéraire, comme Jn. 1, 14; voir la note éd. Gabalda et l'introduction, p. 33.

– 16 : *possède en nous* : l'amour que Dieu a mis en nous lui appartient.

– *connaissance...foi* : il est difficile de rendre la différence entre les deux parfaits, le premier résultatif, le second intransitif, qui ont en grec le même complément, à l'accusatif; voir ci-dessous 5, 10.

– 17 : *en ceci...en ce que...* : voir l'article cité 2, 3. Ici, exactement comme Jn. 15, 8, ἵνα complétif (et non ὅτι) introduit l'apposition à ἐν τούτῳ; et par suite, le ὅτι qui suit introduit une *causale* : l'idée d'amour parfait reprend, à la fin du v. 18, celle qui est exprimée au début du v. 17.

– *est* : c'est, dit par Jean, le εἰμι, «je suis», dit par Jésus dans l'évangile, 7, 24; 8, 24 et 58.

– 18 : *parfait* : seul exemple, chez Jean, de l'adjectif τέλειος.

– 19 : *aimons* : la forme est celle d'un impératif plutôt que d'un indicatif, car il s'agit d'une exhortation aux disciples. La plupart des manuscrits donnent le verbe employé absolument. Les autres donnent un complément, τὸν Θεόν, ou bien αὐτόν.

– 20 : *il ne peut* : certains copistes, au lieu de οὐ, écrivent πῶς, «comment (peut-il l'aimer)?». L'interrogation emphatique ainsi introduite ne s'impose pas.

– 21 : *ce mandement-là* : voir *infra* la note 5, 3.

ÉPÎTRE I, CHAP. 5

– 1 : *est né* : comme *supra* 4, 7.

– 2 : *c'est que* : littéralement «c'est quand»; ὅταν a pratiquement le même sens complétif de ἐάν, 2, 3; voir la note sur ἐν τούτῳ.

– *aimons Dieu* : Jean met en garde contre l'illusion; on n'aime pas son frère si l'on n'aime pas Dieu; on peut faire des *gestes* de charité qui ne sont pas la charité. Quelques versets plus haut, 4, 20, Jean mettait en garde contre l'illusion opposée : on ne peut aimer Dieu si l'on hait son frère.

– *faisons ses mandements* : ce n'est pas l'homme qui détermine ce qui est bien et ce qui est mal.

– 3 : *c'est cela... que* : l'accord du démonstratif neutre sujet avec l'attribut féminin est d'un excellent grec. Voir aussi *supra* 3, 11 et 23, et *infra* II Jn. 6 *(bis)*; dans l'évangile 17, 3. — On a là une locution biblique traditionnelle, et «démonstrative».

– *pesants* : l'adjectif βαρύς, connu du N.T., est courant en grec depuis Homère. Mais Jean ne l'emploie pas ailleurs qu'ici.

– 4 : *ce qui est né* : le neutre, dans le N.T., peut désigner des personnes, surtout si elles forment un ensemble. De même dans le grec littéraire.

— 6 : *le sang* : certains manuscrits ajoutent «et l'esprit».

— *par l'eau* : sur l'emploi de la préposition ἐν et une influence peut-être hébraïque voir B.D.R. § 198, 2 et la note 2.

— 7 : *trois à témoigner* : littéralement «ceux qui témoignent». Après μαρτυροῦντες une glose a été introduite dans le texte «...dans le ciel, le Père, le Verbe et le Saint-Esprit ; et ces trois sont un ; -8- et ils sont trois, ceux qui témoignent, sur la terre.» Ces mots ne figurent que dans quatre manuscrits, où il s'agit apparemment de «la traduction d'une recension tardive de la Vulgate latine» ; cf. B. M. Metzger, *The Text of the N.T.*, 2ᵉ éd., Oxford, 1968, p. 101 et suiv.

— 8 : *sont un* : hébraïsme : le mot précédé de εἰς, après les verbes εἶναι ou γίνεσθαι, est l'équivalent d'un attribut ; de même Jn. 16, 20 ; voir les notes Luc (B.L.) 3, 5 et 13, 19.

— 9 : *ceci est le témoignage...que* : voir ci-dessous, n. 14.

— *il est témoin* : ce parfait intransitif se trouve cinq fois dans l'évangile de Jean, 1, 34 ; 3, 26 ; 5, 33 et 37 ; 19, 35, et ci-dessous v. 10, à côté des deux autres parfaits de ce v. 10.

— 10 : *celui qui n'a pas...* : comme en bon grec, la négation μή rend conditionnel le participe (= «s'il n'a pas») ; de même au v. 12.

— *en fait* : le parfait résultatif, ici rendu par l'apparente addition «une fois pour toutes», signifie que l'acte de «faire» ne peut être remis en question. Même parfait Jn. 13, 12.

— *(ne) possède (pas) la foi* : le parfait (intransitif) πεπίστευκα, dont Jean a cinq exemples dans son évangile, possède un sens beaucoup plus fort que le présent du participe du même verbe au début du verset ; même parfait *supra* 4, 16.

— 11 : *et ceci est le témoignage* : même tour et mêmes mots que Jn. 1, 19 ouvrant le récit de l'évangile.

— *éternelle* : l'adjectif est plutôt attribut qu'épithète ; éternelle *est* la vie qu'il nous donna ; de même au v. 13.

— *dans son Fils* : voir Jn. 5, 26 ; le Fils est le lieu de la vie éternelle ; celui qui a le Fils a la vie, puisque la vie est en le Fils.

— 13 : *je vous écris* : en I, 2, 12-14, l'opposition entre le présent γράφω et l'aoriste ἔγραψα incitait à traduire cet aoriste par «je (vous) ai écrit». Les autres, des aoristes «épistolaires», peuvent être rendus en français par des présents, I, 2, 26 et III, 9 ; les deux temps diffèrent seulement par le point de vue considéré, selon que le sujet du verbe est l'auteur, ou le destinataire, de la lettre. Mais le sens est exactement le même.

— 14 : *ceci...que (si...)* : comme aux versets 9 et 11, ὅτι est tout à fait normal après qu'il a été annoncé par le démonstratif οὗτος ; mais en ce cas Jean use en général d'un ἵνα complétif, six fois dans son évangile, 6, 29, etc., six fois aussi dans les épîtres, I, 3, 11, etc. ; voir l'article cité *supra* 2, 3.

— 15 : *si nous sommes* : ἐάν suivi de l'indicatif, au lieu de εἰ, est contraire à l'usage.

— *nous (écoute)* : il est probable que le pronom ἡμῶν n'est pas mis en prolepse, mais a la même valeur que celui du v. 14.

— 16 : *qui ne donne pas sur* : la valeur de πρός est la même que dans les deux premiers versets du Prologue, mais ne peut être traduite de la même façon. — La négation μή donne aux mots, comme à la fin du verset, un sens conditionnel : «s'il ne donne pas...» On notera que la préposition ne dépend pas d'un verbe, en grec, mais d'un substantif, ou de son idée verbale, comme il arrive quelquefois chez Jean.

— *il demandera et Il lui accordera* : on indique le changement, invisible en grec, du sujet des deux verbes, par un «il» sans majuscule et un «Il», qui s'applique au Fils. De même I, 3, 2.

— *pour ceux* : le datif pluriel τοῖς qui précède un participe, n'a pas le même sens que le datif singulier αὐτῷ, complément indirect du verbe διδόναι.

— *solliciter* : Jean a soin de distinguer les synonymes. Le verbe ἐρωτᾶν, «interroger», «faire une question», est plus fort que le verbe banal αἰτεῖν, «demander».

— 17 : *et c'est un péché...* : Jean reprend l'idée, pour aller plus loin.

— *péché donnant sur la mort* : c'est-à-dire un péché mortel. Au verset précédent il s'agissait d'abord du péché véniel, puis du péché mortel. L'expression était la même, Jn. 11, 4, dite au propre de la maladie de Lazare qui, disait Jésus, «ne donne pas sur la mort». — Certains manuscrits ont ici la négation οὐ devant πρός ; elle ne fait que répéter, donc affaiblir, ce que Jean vient de dire ; si on l'admet, le καί du verset prend un sens adversatif, possible mais plutôt rare. Sans la négation le texte semble plus cohérent ; avec elle la gradation entre les péchés est moins sensible. Voir I, 3, 4, où il y a identité entre ἁμαρτία et ἀνομία.

— 18 : *nous savons* : la connaissance est donnée par la foi.

— 20 : *le don* : même parfait que *supra* 3, 1.

— *(nous connaissons) le Vrai* : l'adjectif, désignant le Père, évidemment n'est pas au neutre.

— *en le Vrai* : l'adjectif substantivé annonce le mot Fils (αὐτοῦ — du Père) qui suit («Deum verum de Deo vero»).

— 21 : *idole* : une idole n'est qu'une *image*, fausse, du Vrai.

ÉPÎTRE II

— 1 : *L'Ancien* : le mot semble désigner moins l'âge de l'auteur de la lettre que sa fonction de «presbytre» ; il s'adresse à une communauté sœur, qu'il chérit comme celle d'où il écrit ; voir le v. 13.

— *Dame élue* : la Dame désigne sans doute une communauté fondée par Jean et dépendant de lui. L'adjectif «élu» appartient en général, dans le N.T., au vocabulaire des salutations, initiales ou finales, des épîtres. Les «élus» sont choisis par Dieu pour recevoir la foi. Voir le verset final de l'épître et I *Ép.* Pierre, 1, 1 et, à la fin de cette épître de Pierre, 5, 13, l'adjectif συνεκλεκτή, «co-élue». Voir aussi Jn. 1, 34, selon certains manuscrits.

— *ont connaissance* : force du parfait résultatif, ici au participe ; voir I, 2, 3 et la note. La connaissance de la vérité, reçue une fois pour toutes, demeure invariable.

— 2 : *qui... et elle* : sur ce passage d'une subordonnée à une principale, voir introd. p. 10 et *Év. Jean*, introd. p. 31 et note 5, 44. Selon B.D.R. § 468, n. 6, il faudrait traduire : «qui... *et qui...*» (et non «et il»).

— *à jamais* : on a vu dans l'introduction ci-dessus que l'expression est particulière à Jean. Dans l'évangile elle est dix fois dite par Jésus pour traduire le don, fait par Dieu, d'une vie autre que celle du monde (voir *Év. Jean*, introduction p. 19). — Jean affirme la permanence en nous de la vérité qui, étant agissante, est cause de la connaissance qu'elle donne d'elle-même.

— 4 : *grande... joie* : le verbe χαίρειν forme avec l'adverbe λίαν une expression assez banale, que l'on retrouve plus loin, III, 3 (voir la note) ; elle est aussi Lc. 23, 8 ; mais l'aoriste est celui d'un sentiment qui s'exprime brusquement et avec force.

— *d'avoir trouvé* : les circonstances sont évidemment connues des destinataires. — Le parfait résultatif εὕρηκα, sur cent soixante-douze exemples du verbe dans le N.T., ne se rencontre que chez Jean, ici et deux fois dans son évangile, I, 41 et 45 (voir la note *Év. Jean* et l'introduction p. 41 et *Apoc.* 3, 2). Le parfait de *Rom.* 4, 1 est omis dans trois manuscrits, et d'ailleurs, à l'infinitif, est moins probant. — Jean exprime sa joie d'une rencontre qui lui a fait trouver, d'une façon définitive et sûre, des enfants d'une communauté qui marchent pour toujours dans la vérité ; tous ne se conduisent pas de même, comme on le voit dans l'*Épître* III. Telle est la valeur forte de ce parfait johannique.

— *de les enfants* : le génitif partitif précédé de ἐκ est traité comme un complément direct. Il peut l'être aussi comme un sujet, Jn. 7, 40 ; 16, 17. Voir *Actes* (B.L.) et la note. — Autre emploi de ἐκ I, 2, 16 ; voir la seconde note.

— *reçûmes mandement* : Dieu donne (verbe διδόναι, à l'aoriste), I, 3,23 et l'homme reçoit (verbe λαμβάνειν). — Le mot ἐντόλη, au singulier et sans article, fait corps avec le verbe ; cf. Jn. 12,49, avec le verbe διδόναι au parfait.

— 6 : *en lui* : ἐν αὐτῇ s'applique naturellement au mot ἀγάπη, «amour».

— 7 : *car* : voir la note I, 3,11.

— *égareurs* : voir l'introduction p. 3.

— *vient dans la chair* : voir I, 4,2 et la note.

— *Antichrist* : sur cet hapax, qui ne se trouve que dans les épîtres de Jn., voir introduction p. 4.

— 8 : *voyez à ne pas ...* : l'exemple de Mc. 13,9 pourrait sembler indiquer que ἑαυτούς est le complément direct de βλέπετε, «regardez», le verbe, plus expressif que ὁρᾶν, étant à prendre dans le sens de «prenez garde» ; en ce cas ἵνα serait final. Mais le mouvement de la phrase suggère que le pronom réfléchi est mis en prolepse, et que ἵνα, comme il arrive dans la koinè après βλέπειν (cf. I *Cor.* 16,10), est dès lors complétif. On peut objecter qu'en ce sens le verbe est plutôt suivi du seul μή ; cf. entre autres exemples Lc. 21,8 ; *Actes* 13,40. On trouve cependant le tour φυλάσσεσθαι ἵνα μή, II *Ép.* Pierre 3,17, où la subordonnée est probablement complétive.

— *œuvrâmes* : il semble que le leçon εἰργάσασθε, seconde personne du pluriel, a cherché à mettre les trois verbes successifs à la même personne. Mais le «nous» de la première personne du pluriel est tout à fait semblable au «nous» qui inclut les disciples avec Jean.

— *recevoir* : seul exemple du verbe ἀπολαμβάνειν, courant en grec, chez Jean.

— 9 : *pousse en avant* : seul exemple du verbe προάγειν chez Jean, mais connu des papyrus ; il s'oppose à μένειν, «demeurer» ; cet emploi absolu est rare dans le N.T. L'homme ainsi visé, hérétique, au lieu de *suivre* (ἀκολουθεῖν) Jésus, aspire, comme le Diotréphès de III, 9, à être chef et à entraîner à sa suite.

— *sans demeurer dans l'enseignement* : l'expression annonce, ou rappelle, celle de III, 2 (voir la note), avec les images de la *voie* qu'il faut *suivre* et de la *doctrine*, la doctrine *saine*.

— 10 : *tous ceux qui* : en bon grec εἴ τις équivaut à un relatif impliquant une totalité ; même sens que πᾶς au v. 9.

— *cessez de ... et de ...* : l'impératif présent, en bon grec, à la différence de l'aoriste, invite à ne pas *continuer* un acte commencé.

— 11 : *communie à* : le verbe κοινωνεῖν est surtout paulinien ; aucun exemple chez les Synoptiques ; seul exemple ici chez Jean.

— 12 : *beaucoup ... à vous dire* : parenté de cette fin de lettre avec celle de la lettre III.

— *je n'ai pas voulu* : sous-entendu «écrire».

— *papier* : χάρτης est difficile à traduire autrement que par «papier», mais il s'agit naturellement de papyrus, le matériau sur lequel on écrit, avant la découverte du parchemin.

— *encre* : comme III, 13. Déjà chez Platon et Démosthène le substantif τὸ μέλαν signifie «l'encre», à base de noir de fumée.

— *en face de vous* : valeur prégnante de πρός, après un verbe de non-mouvement.

— *de vive voix* : l'expression στόμα πρὸς στόμα est reprise II, 14, pour un entretien particulier entre Jean et Gaïos, donc «tête-à-tête». Ici, la traduction de la même expression est différente, parce que Jean espère s'adresser à toute une communauté.

— 13 : *la Sœur l'élue* : évidemment la communauté d'où Jean écrit. La lettre est d'une élue à une élue.

Épître III

– 1 : *l'Ancien* : comme II, 1, où il s'adressait à une communauté sœur. Il s'adresse maintenant à Gaïos, membre habituel d'une autre communauté en état de crise, où Jean, malgré son désir, est actuellement empêché de se rendre (vv. 9-10). Si les circonstances ne sont pas claires pour nous, surtout dans une lettre rapide, elles le sont évidemment pour Gaïos, qui n'a pas besoin de détails.

– 2 : *voie droite* : le verbe εὐοδοῦσθαι, deux fois dans le verset, est ignoré des Synoptiques. Deux autres exemples en tout dans le N.T., chez Paul, *Rom.* 1, 10; *I Cor.* 16, 2. Il appartient au grec tardif, l'exemple d'Hérodote 6, 73, n'étant pas sûr. Dérivé de ὁδός, «voie», il signifie en gros «être dans la bonne voie», au figuré plus qu'au propre. Dans le présent verset la «voie» en question est celle du comportement de Gaïos dans une communauté où Jean, qui a confiance en lui, l'invite à se conduire avec prudence et habileté. Dès lors le pronom σε, «toi», sujet de l'infinitif, s'applique non à la personne même de Gaïos, mais à sa conduite, une conduite que Jean souhaite dans la bonne voie, comme il sait que son âme suit la voie droite. Jésus avait dit «Je suis la Voie, la Vérité et la Vie», Jn. 14, 6. La voie suivie par l'âme de Gaïos garantit la confiance que Jean a mise en lui, et que Diotréphès a trahie.

– *santé* : le rôle de première importance que doit jouer Gaïos est sans doute éprouvant; il faut que sa santé résiste.

– 3 : *grande ... joie* : même expression II, 4, avec le même aoriste (voir la note). Le verbe χαίρειν désigne la joie intérieure et non la joie qui se manifeste (cf. Lc. 1, 28).

– *maintenant qu'arrivent ...* : les participes grecs ont constamment une valeur circonstancielle, ici celle de temps. C'est l'arrivée de ces frères qui provoque le billet que Jean écrit à Gaïos pour l'encourager.

– *ta vérité* : la place du pronom σου, avant le substantif dont il dépend, en accroît la force, ainsi que le raccourci de l'expression. *La* vérité est celle de la doctrine de Jésus; elle ne fait qu'un avec Gaïos.

– *la marche* : le verbe περιπατεῖν, repris au verset suivant, continue l'image de la «voie». Il s'applique à la conduite de Gaïos dans la vérité.

– *à toi* : ce «toi», comme le «nous» du v. 8, s'oppose à Diotréphès, qui ne marche pas, lui, dans la vérité.

– *en vérité* : la vérité est toujours la même, mais l'absence d'article donne plus de force, comme la place, plus haut, du pronom σου à la préposition ἐν.

– 4 : *que d'(apprendre)* : littéralement : «(joie plus grande) que ces choses, à savoir d'(apprendre)»; ἵνα introduit une proposition *complétive*. Ce tour du comparatif suivi de ἵνα est propre à Jean : voir Jn. 15, 16; il est facilité par la présence de son complément τούτων; voir la note sur I, 2, 3, et l'article cité.

– 5 : *fiable* : sur πιστός voir I, 1, 9. Il n'y a pas lieu de traiter cet adjectif neutre en adverbe, ce qui oblige à voir un accusatif de relation dans le relatif ὅ qui suit, «en ce que (tu œuvres)». Jean dit que l'on peut avoir confiance dans les actes de Gaïos, quels qu'ils soient.

– *ce que tu œuvres* : l'antécédent, étant indéterminé, donne à la relative une valeur conditionnelle. Ἄν (ici ἐάν du grec tardif) placé immédiatement après le relatif, fait que le subjonctif signifie soit l'éventualité soit la répétition dans le présent. «Ce que tu œuvres» peut vouloir dire aussi bien «ce que tu viens à œuvrer» que «ce que tu as l'habitude d'œuvrer». Les deux sens sont l'un et l'autre acceptables.

– *des frères* : Jean n'a pas à préciser lesquels; Gaïos comprend. Les frères peuvent être ceux qui sont venus, ou bien d'autres, qui retournent dans la communauté de Gaïos, ou encore ceux qui lui appartiennent sans l'avoir quittée.

— *bien plus, des étrangers* : 1) Gaïos n'œuvre pas seulement pour les frères de sa communauté, mais pour ceux qui lui sont étrangers, frères itinérants, hôtes de passage, accueillis par ses soins. Le verset suivant va montrer qu'il faut encore songer à eux pour la route qu'ils doivent reprendre. Sur ces ξένοι, voir Spicq, *Notes...*, II, p. 592-596. 2) Καὶ τοῦτο est l'exemple d'un emploi très classique du démonstratif οὗτος, à tous ses genres, après καί ; il reprend un mot, ou une idée — ici la peine prise aussi bien pour les frères de passage que pour les résidents — afin d'ajouter une précision, ici ξένους ; en français «et cela», «et encore», «y compris», «fussent-ils (des étrangers)» ; par exemple Thucydide 4, 26, 2 ; 7, 75, 5 ; Xénophon. *Anab.* 2, 5, 21 ; *Ec.* 2, 5, etc. — On notera la présence, même dans un simple billet adressé en principe à un seul destinataire, d'un tour appartenant au grec littéraire ; Jean le sent venir naturellement sous sa plume.

— *qui ont témoigné* : ces témoins peuvent être les frères venus au v. 3, et tous ceux qui ont reçu l'hospitalité de Gaïos.

— *sous les regards de* : cf. I, 3, 22.

d'une église : si l'on met à part les sept églises de l'*Apocalypse*, le mot ne se trouve chez Jean que dans la présente épître, ici et aux vv. 9 et 10. Il n'a que deux exemples chez Mt., n'est pas rare *Actes*, mais c'est Paul surtout qui en use, soixante-trois fois, à commencer par I *Thess*, 1, 1 (écrit vers 51 ?). Ici sans article, il a une valeur d'argument : ton agapé n'est pas douteuse puisqu'elle se manifeste devant *une* église (entière), peu importe laquelle.

— *desquels* : le second relatif du verset est simplement juxtaposé au précédent «qui». Le sens est donné par le passage de l'aoriste («témoignèrent») au futur («tu feras bien») dans une proposition qui n'est pas strictement parallèle à la précédente : «qui» désigne les frères de la communauté et ceux qui en sont les hôtes ; tous ont témoigné de l'amour de Gaïos, et Jean, informé par ceux qui sont venus le voir, complimente Gaïos pour l'inciter à continuer. «Desquels» s'applique seulement aux hôtes en question, appelés à reprendre la route.

— *(voyage ...) pourvoir* : Gaïos, qui a reçu la confiance de Jean, doit suppléer à Diotréphès, qui trahit sa fonction. C'est à lui d'exercer l'hospitalité et de défrayer pour la route les hôtes de passage. Sur le sens du verbe προπέμπειν, voir la note *Actes* (B.L.), 15, 3 et la note Spicq sur *Tite* 3, 13 : «Les voyages des prédicateurs itinérants (sont) à la charge des communautés locales, comme l'acte le plus important de l'hospitalité, par conséquent une manifestation privilégiée de la charité» (ἀγάπη), *Épîtres Pastorales*, Gabalda, 1969, p. 692. Gaïos doit avoir une parfaite santé pour porter la lourde charge d'exercer l'hospitalité.

— 7 : *sortirent* : de leur communauté, pour entreprendre un voyage apostolique et porter, quelquefois loin, leur témoignage. La phrase est une parenthèse explicative. Dans ses trois autres emplois des épîtres de Jean, I, 2, 19 ; 4, 1 ; II, 7, le verbe ἐξέρχεσθαι est pris en mauvaise part, dit des ennemis de la foi. Il n'en est que plus expressif ici.

— *sans ... (recevoir) ...* : l'emploi de la négation μηδέν avec le participe là où l'on attendrait οὐδέν parce que la négation est totale, appartient au grec tardif. De même v. 10.

— *recevoir* : au moment du départ ils n'ont donc pas été «pourvus» (v. 6) pour la route, soit en vivres, soit en argent.

— *Gentils* : le mot ἐθνικός, rare à côté de τὰ ἔθνη et de sens peut-être plus large (trois seuls autres exemples dans le N.T., Mt. 5, 47 ; 6, 7 ; 18, 17), désigne les non-Juifs ; il s'oppose ici aux ξένοι du v. 5, qui pouvaient être des Juifs. Ces non-Juifs ne sont sans doute pas des païens, τὰ ἔθνη, au sens limité du mot, car des païens n'auraient aucune raison d'aider des chrétiens prenant la route «pour le Nom». Comme il existe deux communautés de chrétiens, selon leur origine, circoncis et incirconcis, les Gentils du présent verset sont probablement des chrétiens d'une origine non-juivè.

— 8 : *nous* : Jean et tous les frères, Gaïos inclus. Voir au v. 3 la note sur «à toi».

— *soutenir en hôtes* : tel est le sens du verbe ὑπολαμβάνειν chez Xénophon, *Anab.* 1, 1, 7, s'agissant d'accueillir des «exilés». Seul exemple de ce sens chez Jean ; dans le reste

du N.T. il ne se trouve que chez Luc, quatre fois, avec des sens différents. Le mot
«hôte» est naturellement pris dans le sens actif.

– *tels* : donc éviter de faire acception de personne.

– *coopérateurs* : l'adjectif συνεργός ne se rencontre ailleurs dans le N.T. que chez
Paul, douze fois, suivi tantôt du génitif, tantôt de εἰς + accusatif.

– 9 : *j'aurais écrit... (mais)* : les manuscrits donnent pour la plupart ἔγραψά τι. Cet
aoriste peut signifier «j'écris», et ce serait un aoriste «épistolaire», comme plus haut
I, 2, 21 et 26 ; 5, 13 ; ou bien «j'ai écrit», ce qui donnerait à penser que Jean a déjà écrit
à Gaïos. Mais dans les deux cas τι, «quelque chose», ou bien «en quelque chose», n'est
pas clair et gêne les traducteurs. On adopte donc la leçon donnée par un correcteur du
Sinaïticus, quelques manuscrits, et suivie par la Vulgate, où τι est remplacé par ἄν, ce
qui fait du verbe un potentiel du passé, «j'aurais écrit» : Jean aurait pu écrire à l'église
entière si Diotréphès n'avait pas rompu avec lui. Alors il écrit à son homme de
confiance, à charge pour lui de faire connaître sa lettre au reste de la communauté.

– *en (être le chef)* : littéralement «être leur chef», un pluriel impliqué par la pluralité
des membres de l'église en question.

– *être le chef* : le verbe, du grec tardif, n'est pas rare chez Plutarque. C'est ici son seul
exemple du N.T.

– *ne nous accueille pas* : c'est-à-dire «refuse de nous accueillir». «Nous» désigne
toujours les frères envoyés, comme au v. 8 ; de même au v. 10. Le verbe ἐπιδέχεσθαι, qui
est dans la Septante, ne se trouve qu'ici, et au verset suivant, dans le N.T. L'exemple
unique du mot en accroît la force (on le trouve pourtant dans le *Codex Bezae* des *Actes*,
15, 40 D ; voir la note *Les Deux Actes*, p. 99).

– 10 : *si je viens* : Jean ne peut se voir refuser l'entrée de la communauté. Les verbes
à la première personne sont exceptionnels dans les épîtres (voir l'introduction). Le *je* a
quelque chose de menaçant à l'égard de Diotréphès, surtout après le «nous», ἡμᾶς, qui le
précède de quatre mots.

– *lui (ferai garder en mémoire)* : le pronom αὐτοῦ, au génitif, équivaut presque, vu sa
place, à un datif : c'est à Diotréphès *en personne* que Jean s'adressera pour le chapitrer.

– *ferai garder en mémoire* : l'expression, avec son ironie voilée, suggère encore une
menace envers un homme qui aura lieu de se souvenir du passage de Jean. Le verbe
ὑπομιμνήσκειν n'a qu'un autre exemple chez Jean, 14, 26, dit par Jésus de l'action du
Paraclet sur les disciples.

– *les (actes) qu'il...* : prolepse assez libre, qui souligne la tyrannie de Diotréphès ;
littéralement : «*ses* actes, qu'il fait».

– *insanités* : le verbe φλυαρεῖν, très classique, est ici suivi de l'accusatif ; il est un
hapax du N.T. L'adjectif φλύαρος, autre hapax, est dans I *Tim.* 5, 13, il signifie
«dépourvu de sens».

– *(il commence par) ne pas... et...* : la corrélation οὔτε... καὶ... n'est pas de bon grec,
mais elle est expressive ; de là le verbe «il commence», destiné à traduire cette union
d'une idée négative avec une autre, positive. Autre exemple dans la bouche de la
Samaritaine, Jn. 4, 11 ; voir la note *Év. Jean*.

– *(qui) le (veulent)* : c'est-à-dire «qui veulent les recevoir». «Le» est ajouté pour que
soit évitée toute équivoque.

– 11 : *jamais* : l'adverbe traduit la continuité impliquée par le présent de l'impératif
grec.

– *n'a pas la vision* : sur ce parfait résultatif exclusivement johannique, voir *Ev. Jean*
introduction, p. 47 et suiv.

– 12 : *Démétrios* : personnage dont on ne sait rien. Vu le contexte il pourrait être le
porteur de la lettre à Gaïos, à qui Jean le recommande.

– *possède un témoignage* : passif du parfait μεμαρτύρηκα de I, 5, 9 et 10.

– *et... aussi* : dans la combinaison καὶ... δὲ..., rare en bon grec, καί cordonne et δέ
indique une insistance, ou une progression ; voir *Év. Jean* 6, 51 et la note ; *Actes* 3, 24.

– *nous... notre* : voir l'introduction ci-dessus, p. 1-2 sur «nous». Il semble que Jean,

s'agissant d'un témoignage solennel, recoure au pluriel dit «de majesté», comme au début de l'*Épître I*. Le «nous» s'oppose au «tous» qui précède : *tous* les membres de notre communauté — et la vérité elle-même — témoignent de la confiance que mérite Démétrios. Et *nous* aussi (= Jean) nous témoignons. Puis Jean affirme que Gaïos *sait* que «notre témoignage», c'est-à-dire le témoignage de Jean, est vrai. On connaît l'importance des notions de μαρτυρεῖν, μαρτυρία, chez Jean, dans l'*Apocalypse* également, et jusqu'à la fin de son évangile, 21, 24, «et nous savons que son témoignage est vrai», mots que l'on retrouve ici à la fin de l'épître III, «et tu sais que notre témoignage est vrai». Le témoignage sur Démétrios s'élève au témoignage sur Jésus. Ces deux témoignages reposent sur la vérité. La fin de la dernière épître est écrite dans un esprit johannique qui est celui de la fin de l'évangile. Peu importe que les versets 21, 24 et 25 soient ou non de la main d'un disciple (cf. *Biblica*, 1986, p. 335-342). Il s'y ajoute l'idée que l'écrit ne peut contenir tout le témoignage, dans les deux versets de la fin.

– 13 : *j'avais* : il n'est pas exclu qu'ἂν ait sauté après πολλά ; en ce cas le sens serait «j'aurais (beaucoup de choses à t'écrire)».

– *écrire… écrire* : Jean respecte toujours la différence qui sépare, à l'infinitif comme aux autres modes, l'aoriste du présent. L'aoriste γράψαι signifie le simple fait d'écrire et le présent s'applique au temps qu'il faut pour écrire. Faute de loisir Jean se borne, dans sa lettre écrite — ou dictée — à la hâte, à ne dire que le plus pressé.

– *et puis* : sur ce sens fort de καί voir B.D.R. § 442 2 b ; autre exemple Jn. 8, 59.

– *tête à tête* : la parole permet d'aller au fond des problèmes, avec la souplesse de la pensée. Platon jugeait de même. — Sur l'expression voir II, 12 et la note.

– *salue* : on attendrait plutôt l'aoriste de l'impératif : «salue» au moment où ma lettre te parviendra. Mais le présent est choisi pour signifier que la salutation, ou l'accolade, doit se faire à la ronde. Diotréphès n'est pas forcément exclu ; il a la possibilité de s'amender avant la venue de Jean, s'il vient.

– *nommément* : cette salutation κατ' ὄνομα est fréquente dans les papyrus, notamment aux Ier et IIe siècles (remarque du P. Spicq).

TABLE DES MATIÈRES

IMPRIMERIE A. BONTEMPS
LIMOGES (FRANCE)
N° imprimeur : 3550-87
Dépôt légal : Février 1988